The 12 month millionaire

En Cápsulas

Las imperdibles revelaciones de Vincent James

ÍNDICE

Cap. 1 El mejor negocio del mundo — p. 5

Cap. 2 Productos y aritmética — p. 13

Cap. 3 Cuando una promoción explota — p. 25

Cap. 4 La lista de correo — p. 39

Cap. 5 Publicidad en revistas — p. 45

Cap. 6 Crea tu Swipe File — p. 59

Cap. 7 El back end — p. 63

Cap. 8 El autoenvío — p. 71

Cap. 9 Lifetime Customer Value — p. 77

Cap. 10 El 2 step — p. 81

Cap. 11 Una oferta irresistible — p. 89

Cap. 12 Garantizar todo — p. 99

Cap. 13 Los bonos — p. 107

Cap. 14 Testimonios — p. 111

Cap. 15 Porque la publicidad no vende — p. 117

Cap. 16 ¿Copywriter o hacerlo usted mismo? — p. 127

Cap. 17 El correo — p. 131

Cap. 18 Gráficos y tipografías — p. 135

Cap. 19 El copywriting p. 141

Cap. 20 La headline p. 163

Cap. 21 Como probar p. 173

Cap. 22 Incrementar el valor de compra p. 177

Cap. 23 Tasas de respuesta p. 181

Cap. 24 Tarifas de reembolso p. 185

Cap. 25 Aumentar las respuestas p. 189

Cap. 26 Centro de llamadas p. 191

Cap. 27 El Telemarketing p. 195

Cap. 28 Publicidad en televisión p. 197

Cap. 29 Publicidad radiofónica p. 201

Cap. 30 El "suck out" p. 203

Cap. 31 Empleados p. 209

Cap. 32 Las 3 formas de crecer p. 221

Cap. 33 Evitar la prisión p. 231

Cap. 34 Imitaciones p. 237

Bono 1 Pez p. 245

Bono 2 Perder $48.000.000 en un día p. 249

La biblioteca del millonario p. 257

Notas p. 259

CAPÍTULO 1

El mejor negocio del mundo

Antes de leer este capítulo, toma un bolígrafo y una hoja de papel.

Estas son las dos principales herramientas que necesitarás.

Si sumas el bolígrafo... la hoja... este libro... y una simple idea para un producto o servicio... podría literalmente valer cientos de millones de dólares.

Los negocios tradicionales como tiendas minoristas, fábricas, restaurantes, etc., requieren que te sumerjas de lleno, con ambos pies, arriesgando casi todo tu dinero antes de ganar un centavo... y lo peor es que no sabrás si tendrás éxito hasta después de haber arriesgado la mayor parte de tu dinero, si no todo... si tienes la suerte de tener dinero para comenzar.

Como si eso no fuera suficiente, estos negocios tradicionales no pueden ofrecerte el rápido crecimiento forzado y las ganancias locas del maravilloso negocio del que habla este libro.

Un negocio que te permite empezar pequeño y, solo después de tener una prueba científica y una idea válida y rentable, invertir gradualmente más y más dinero. En la mayoría de los casos, reinvertirás las ganancias.

El negocio del que hablo en este libro te permite enriquecerte incluso cuando 99 de cada 100 prospectos no quieren tu producto.

Hablo del negocio de la Respuesta Directa.

Es un negocio que te permite descubrir muy rápidamente si tienes un éxito o no... usualmente dentro de 30 días. La mayoría de las veces puedes averiguarlo con 2,000 dólares o menos.

No necesitas ninguna habilidad específica en el producto que planeas vender. He fabricado y vendido palos de golf sin haber jugado nunca antes. He fabricado y vendido vitaminas, sin ser científico ni médico. Esta es la belleza de este negocio.

Finalmente, incluso si ahora estás sentado en tu estudio infestado de cucarachas... tan pronto como crees la carta correcta, vendiendo el producto correcto, a las personas correctas, al precio correcto, y en el momento correcto de sus vidas... puedes ser dueño de una propiedad intelectual valorada en más de 100 millones de dólares. Y solo tomará de 7 a 10 días después de enviar tus cartas para ver cómo van las cosas. De verdad.

El negocio de la Respuesta Directa no es nuevo. ¡Ben Franklin incluso tenía un catálogo por correo! Hay muchos libros a la venta que pueden contarte todo sobre la respuesta directa... o venta por correo, como algunos lo llaman. Pero lo que quiero enseñarte es cómo lo hago yo porque lo hago un poco diferente.

Ahora nos centraremos solo en enviar mensajes de

ventas para un producto a una lista de correo calificada. Más tarde, hablaremos sobre la publicidad en revistas y comerciales de televisión y radio.

En 2000, tuve una idea para un suplemento dietético. Realmente ni siquiera tuve la idea.

Vi un producto vendido en tiendas de alimentos naturales por 60 dólares. Pensé que era un producto exitoso que no estaba siendo comercializado correctamente, estaba enterrado en los estantes traseros de la tienda... así que compré una botella para mí.

En general, es mejor vender productos que no se pueden encontrar en las tiendas... pero dado que este estaba tan mal posicionado, pensé que podría venderlo mejor a través de respuesta directa.

Lo bueno de los suplementos dietéticos es que los fabricantes no pueden patentar los ingredientes que usan. Puedo idear una excelente mezcla de hierbas y gastar cientos de miles en estudios clínicos, luego, basta con que alguien lea la lista de ingredientes en el lado de la botella - que por ley debe estar ahí... y me copian al instante.

Así que, básicamente, puedo tomar una botella de cualquier cosa que encuentre en la tienda de vitaminas e ir a cualquier fabricante local de vitaminas que me la producirá por una fracción de los 60 dólares a los que se venderá en las tiendas.

No se necesita investigación. No se necesitan estudios clínicos (si la otra compañía ya ha patrocinado uno o hay uno en las muchas revistas médicas). Puedes tener tu propio suplemento dietético de marca por unos pocos dólares por botella.

De todos modos, volviendo a mi suplemento dietético. Me sorprendió bastante cuando vi estas pastillas anunciadas y vendidas por 60 dólares cuando podía producirlas por 2 dólares (o incluso menos) en grandes cantidades.

Inventé un nombre para mi "nuevo" producto y hice que el fabricante de pastillas hiciera las etiquetas para las botellas. ¡Listo! Mi suplemento dietético de marca registrada en menos de una semana.

Entonces, redacté una carta de ventas para este producto y encontré algunas listas de correo a las que enviar las cartas de ventas.

A veces es más fácil encontrar un producto mirando los diferentes tipos de listas de correo en el mercado. Por ejemplo, en lugar de pensar en un nuevo producto para vender, mira todos los diferentes tipos de listas de correo en el mercado y sus tamaños, y luego adapta un producto a la lista.

De todos modos, las pastillas se vendían por 60 dólares en mi carta, y recuerda, las produje por 2 dólares. Costaba 1,50 dólares enviarlas al cliente incluyendo el sobre de burbujas.

Cobré 6,95 dólares por el envío y manejo: esta tarifa cubría la cuenta del número gratuito, el salario del encargado de pedidos, la tarifa de envío, la comisión por procesamiento de tarjeta de crédito... y también cubría el costo de producir las pastillas.

Es totalmente legal hacer esto. Por eso se llama tarifa de envío y manejo. Puedes cobrar lo que quieras por el "manejo"... incluso si tu cliente sabe que solo cuesta 2 dólares enviar su pedido y le has cobrado 5 dólares... la diferencia es la tarifa de manejo.

Así que, básicamente, cuando un cliente me llamaba y ordenaba estas pastillas por 60 dólares, más 6,95 dólares por envío y manejo... todos los 60 dólares del precio de venta eran puro CTO. CTO es la sigla de Contribución al Gasto General.

CTO es la ganancia neta después de pagar por los bienes vendidos.

De este CTO, todavía tienes que pagar por la publicidad, los gastos postales, los empleados, etc.

De todos modos, cuando probé este nuevo suplemento en un puñado de listas de correo, me sorprendió gratamente. Esto es lo que pasó: en el momento en que probé este producto, el envío postal costaba 370 dólares por cada mil sellos.

Costaba 100 dólares tener los mil nombres a los que enviar las cartas de ventas.

Unos 100 dólares más para imprimir y ensobrar las mil cartas de ventas que enviamos a los nombres en estas listas.

Cuando terminemos, es razonable asumir que costará 600 dólares enviar 1000 cartas de ventas a grupos calificados de potenciales clientes.

Dado que mi producto se vende a $60... me quedo con todos los $60, ya que el costo de producción del producto está cubierto por la tarifa de envío y manejo.

El sentido común diría que cuando envío 1000 cartas

por $600... necesito al menos 10 pedidos para romper el equilibrio y recuperar mis dólares publicitarios.

Digamos que mi producto fuera una nueva píldora para adelgazar.

Ahora, digamos que las listas de envío a las que estamos enviando nuestras cartas de venta están compuestas por personas que han comprado píldoras para adelgazar en el pasado, por lo que sabemos que son prospectos ideales.

Ok, estamos enviando nuestra nueva e increíble píldora para adelgazar a 1000 personas que han comprado realmente la píldora para adelgazar de alguien más por correo recientemente.

De los 1000, ¿cuántos crees que ordenarían nuestra píldora? Algunos dirían 250 de 1000. Yo diría que están locos. Algunos dirían 100. Ellos también están locos.

Digamos que el 98% de las personas a las que enviamos nuestras cartas, tiran nuestro mensaje de venta directamente a la basura... Digamos que solo el 2% de nuestros prospectos decide comprar nuestra nueva, súper píldora para adelgazar. Hagamos un poco de matemáticas.

El dos por ciento de 1000 cartas son 20 pedidos. Recuerda, dije antes que necesitamos al menos 10 pedidos para romper el equilibrio. Dado que hemos recibido 20 pedidos, acabamos de duplicar nuestro dinero... pero esta no es la mejor parte.

Cuando vendí mi suplemento, quedé asombrado al ver que cada cliente compró en promedio 4.4 botellas en los siguientes 6 meses. Esta cifra se llama LCV o Valor de Vida del Cliente. Hablaré más sobre esto más adelante en este libro.

De todos modos, cuando un cliente pensaba en comprar una botella de píldoras de mí por $60... en realidad gastaba $180 en los siguientes seis meses. Él no lo sabía... pero basado en los datos estadísticos que recopilé de clientes pasados, estaba bien consciente de cuánto valía cada cliente.

Cuando todo estaba dicho y hecho, cada cliente valía $180 en CTO. Volvamos al 2% que compró de mi mensaje de venta.

Tenemos 20 pedidos a $180. Eso hace $3600 en CTO por cada 1000 cartas de venta que envío.

Cuesta $600 enviar 1000 cartas, así que podemos decir con seguridad; ganaré $3000 por cada 1000 cartas que envío. Eso hace $3 por carta en promedio.

¿Qué pasará cuando pruebes una píldora para adelgazar o un suero antiarrugas utilizando la lista de envíos de Victoria's Secret que tiene 900,000 NOMBRES FRESCOS al mes? ¿Realmente puedes ganar $2.7 millones de una sola lista? ¡Por supuesto que sí!

Y ese ejemplo era para enviar cartas de venta a una sola lista de envío. Hay muchas maneras de vender productos a través de Respuesta Directa. Puedes vender productos a través de publicidad en revistas, cartas de venta por correo directo, spots de radio, anuncios de televisión... infomerciales de formato largo... términos de búsqueda en internet... telemarketing... y muchos otros de los que hablaré en este libro.

Los he usado todos… pero solo algunos son realmente efectivos.

Básicamente, tu anuncio o carta de venta, o anuncio de radio o televisión es la venta multiplicada. Todo esto se llama publicidad.

Olvida todas las cosas sofisticadas que las agencias de publicidad de Madison Avenue les dicen a sus clientes. En una competencia cara a cara, dólar contra dólar, las técnicas de respuesta directa como las que aprendes en este libro siempre superarán a las cosas sofisticadas que estos chicos están sacando.

¿Puedes sacar una idea de millones de dólares? Espero que sí. Lo que puedo hacer es decirte qué tipo de productos necesitas crear para que este negocio funcione para ti. Y una vez que tengas esa idea ganadora… no hay un mejor conjunto de herramientas que puedas obtener que este libro para mostrarte cómo exprimir cada gota de dinero de tu idea.

CAPÍTULO 2

Productos y aritmética

En este capítulo, hablaremos sobre los tipos de productos y servicios que es mejor promover a través de respuesta directa.

Realmente no me importa lo que estoy vendiendo... siempre y cuando se venda con beneficio. Para mí, el producto que ofrezco es solo un medio para lograr un fin. Estoy en este negocio para obtener ganancias, posiblemente grandes ganancias, y les aconsejo que hagan lo mismo.

Naturalmente, los mejores productos para vender son los propios. Necesitas grandes márgenes en este negocio y vender el producto de alguien más nunca te permitirá obtener los grandes márgenes necesarios para cubrir los gastos de publicidad.

Es mucho más fácil producir tu propio producto de marca. Debes tener márgenes de beneficio cercanos al 100%; eso significa que el costo de los bienes debe ser compensado en los gastos de envío y manejo que cobrarás a tus clientes.

Mi amigo y mentor Gary Halbert dice que lo más importante para vender con respuesta directa es tener una multitud hambrienta.

Para que un producto de respuesta directa funcione bien, debes tener prospectos con niveles de pasión por las nubes.

Los golfistas están locos... las personas que necesitan perder peso están desesperadas, las personas que quieren enriquecerse en cierto tipo de negocio están locas. Además, he aprendido que las personas no pagarán ni un centavo para prevenir un problema... pero darían la vida por una cura. En serio.

Trata de preferir productos que conduzcan a ventas continuas. Un producto consumible es excelente, porque como descubrirás en este negocio, es 10 veces más fácil hacer que los clientes satisfechos vuelvan a ordenar que seguir atrayendo nuevos clientes, y las enormes ganancias suelen venir con el back end... es decir, las ventas continuas.

Aquí hay una manera rápida de ver si tu idea tiene alguna posibilidad de éxito antes de gastar una onza de tu tiempo y un centavo de tu dinero en probarla: todo es matemáticas.

Tu producto debe venderse por más de $50. Hoy en día, es tan difícil obtener ganancias con una venta unitaria de menos de $50. Incluso si estuvieras vendiendo un video por $19,95 y pudieras quedarte con todos los $19,95. Hagamos un poco de matemáticas.

Estás vendiendo este video por $19,95 a través de cartas de venta de respuesta directa. Necesitas $600 en pedidos por cada 1000 cartas que envíes. Para alcanzar el punto de equilibrio, necesitarás que el 3% de tus prospectos compre. Para ganar dinero de verdad, necesitarías que el 6% compre, lo cual es muy improbable.

Quizás, si puedes hacer que el 3% de la lista compre y es una venta recurrente mensual, con un nuevo video cada mes, tal vez puedas hacerlo funcionar... pero aún así, el 3% es un número alto.

La mayoría de las ofertas de respuesta directa obtienen pedidos del 1% al 2%.

Aquí hay algunos números óptimos que trato de alcanzar con cualquier proyecto que estoy probando.

Digamos que tengo una píldora que puedo vender por $59,95 y todos los $59,95 son puro beneficio. Todo lo que necesito obtener en respuesta (pedidos) es el 1%. Esto es realista.

Ahora, digamos que cada cliente compra en promedio 4 botellas de ti en los próximos meses. Digamos que las tres botellas adicionales que compran cuestan $39,95 en un envío automático. El LTV (Valor de Vida del Cliente) sería aproximadamente de $180.

Si obtienes el 1% de compras, estás mirando gastar $60 en "comprar" al cliente en gastos publicitarios. Cuando el cliente vale $180, te queda un retorno del 300% en tu dólar publicitario. Esto es realista.

Deberías tratar de promover productos que son soluciones a problemas que tus potenciales clientes están desesperados por resolver.

¿Cómo puedes descubrir el producto mágico para vender? Me gusta hacer una lista. Por un lado, me gusta escribir los deseos de las personas. Por el otro lado, escribo los problemas que las personas tienen.

Si escribo 20 deseos y 20 problemas, usualmente puedo moverme en la dirección correcta.

Otra táctica que puedes hacer es ir a tu Biblioteca local y dirigirte a la sección de referencia y buscar un libro llamado SRDS Direct Marketing List Source.

Este libro es la Biblia en el negocio de respuesta directa. Se publica cada 60 días y lista las listas de direcciones que están en el mercado para alquiler.

Es el único lugar legítimo donde los propietarios de listas de direcciones publicitan sus listas para uso por mercadólogos como tú y yo.

Lo que puedes hacer es sentarte con este enorme libro y simplemente hojearlo. Mira los diferentes tipos de listas disponibles.

Podría ser más fácil para ti, como principiante, adaptar un producto a una lista de direcciones o a un grupo de listas de direcciones.

Hagamos un ejemplo. Digamos que has ensamblado un curso sobre Ventas de Títulos Fiscales Inmobiliarios. No importa si no eres un "experto" en Títulos Fiscales... puedes convertirte en uno haciendo investigación sobre el producto.

Esta es una de las mayores dificultades que las personas enfrentan cuando comienzan en este negocio. Piensan que no están "calificados" para vender ciertos tipos de productos. Pero, ¿dónde dice que debes tener un diploma de experto? ¡Tal cosa no existe!

Volviendo al curso. Consistiría en algunos CD y quizás un directorio de los estados que tienen Ventas de Títulos Fiscales.

Para crear este directorio, todo lo que tienes que hacer es ordenar el curso de alguien más y copiar la información en el directorio que ofrecen. No creo que "posean" las direcciones, los sitios web y los números de teléfono de los estados que ofrecen Ventas de Títulos Fiscales... ¿correcto?

Ahora, en cuanto a los CD... lo que puedes hacer es ordenar algunos cursos diferentes sobre este tema y simplemente tomar notas sobre los problemas importantes en cada uno de los cursos... y cuando hayas terminado... simplemente ensambla todo lo que has reunido en un único super paquete que puedes llamar tuyo.

También puedes localizar algunos "expertos" en Ventas de Títulos Fiscales y llamarlos para ver si te permiten comprar una hora de su tiempo por teléfono. Les harás todas las preguntas que tendrías si estuvieras entrando en este negocio. Grabas todo y simplemente conviertes esas grabaciones en CD.

¿Estás proporcionando información de un experto a tus clientes? Por supuesto que sí.

Este curso debería costar alrededor de 8 dólares para producir. Esto incluiría la duplicación de los CD, la impresión del directorio y la carcasa para mantener todo en su lugar. Lo que harías después es obtener las listas de direcciones de empresas y listas de suscriptores de revistas de oportunidades de negocio.

Lo que harás después es idear tu oferta. Un buen precio para un curso de este tipo sería tres pagos con tarjeta de crédito de 59,95 dólares, más 9,95 dólares de envío y manejo.

Los 9,95 dólares cubrirán el costo de producir los CD, el directorio, la carcasa y, por supuesto, los gastos de envío reales para entregar el producto a tu cliente.

En práctica, todos los 59,95 dólares x 3 son tuyos para mantener como beneficio neto. Si obtienes el 1% de compras... estás yendo bien. Si obtienes el 2% de compras... estás yendo de maravilla.

Digamos que has aprendido a escribir cartas de venta de un verdadero profesional (je je)... y has conseguido que el 2% de tus prospectos potenciales compre este curso de Real Estate. Esto es realista porque solo apuntarás a personas que se suscriben a revistas de negocio... y a personas que han demostrado interés en oportunidades porque las han comprado en el pasado.

El dos por ciento compra a 59,95 dólares x 3... lo que hace 179,85 dólares. Has obtenido 20 órdenes de las 1000 cartas que has enviado. Eso equivale a 3597 dólares en ventas brutas. Cuando restas los 600 dólares que te costó adquirir estos 20 órdenes, te quedan 2997 dólares de beneficio neto por cada 1000 cartas que has enviado.

Supongamos que enviaste a la lista de suscriptores de la revista ENTREPRENEUR, que obtiene 50,000 nombres frescos al mes... y supongamos que has probado otras dos listas de direcciones de compradores de oportunidades para un total de 200,000 prospectos potenciales a quienes enviar esta carta de Real Estate.

Ahora, 200,000 son 200 mil. Harás 2997 dólares

multiplicados por 200. Estamos hablando de 599,400 dólares de beneficio cada único mes.

Te quedarás con la mayor parte del beneficio. Los costos que erosionan tus ganancias son los reembolsos de los clientes... que no superarán el 10% en la mayoría de los casos... Tendrás que pagar algunos empleados para responder llamadas... pagarás la factura de electricidad, etc. Si estás obteniendo 599,400 dólares de beneficio... es razonable suponer que podrás poner aproximadamente 500,000 dólares en tu bolsillo para gastar como desees, cada único mes.

Este curso de Real Estate no tenía un back end para revender... pero puedes considerar los pagos a plazos como tu back end... porque tus prospectos no pensarán en pagar 179,85 dólares por el curso... su mente les dirá que están pagando 59,95 dólares... tres veces.

Pero esto no debería detenerte de intentar vender productos de back end de todos modos.

Puedes armar un boletín informativo... videocasetes de un seminario... etc.

Otra consideración que debes tener en cuenta al buscar un producto es cuántas vías hay para ti para hacer dinero.

Si solo hay una lista de direcciones y solo se añaden 2500 nombres frescos al mes, este producto probablemente no sea una gran oportunidad.

Si no hay listas que tengan siquiera la mínima posibilidad de funcionar para ti, probablemente haya una buena razón para ello: nadie quiere comprar ese tipo de producto.

Si no hay publicaciones, o publicaciones que son menores de 50,000 circulaciones pagadas cada mes o bimestralmente, considera otro producto.

Cuando se trata de seleccionar un producto para vender, tus opciones son infinitas... siempre y cuando los números funcionen y siempre que haya personas a quienes puedas promocionarlo. Debes hacer tus cálculos. Si necesitas más del 2% para romper el punto de equilibrio y si no tienes un back end asesino... o si no puedes localizar una gran lista de direcciones o listas en el SRDS... olvida la idea, no importa cuán buena creas que sea.

Otra cosa que busco en un producto para comercializar es que debe ser pequeño y fácil y económico de enviar al consumidor. Creo que los computadores son el peor producto para vender a través de respuesta directa. Son enormes. Son pesados. El margen de beneficio en ellos es prácticamente nulo.

Y lo peor es que pierden valor muy rápidamente. Nunca podría estar en un negocio como el de los computadores... pero el negocio del software es otra historia.

Es barato de copiar. Es ligero para enviar. Puedes vender actualizaciones a nuevas versiones.

Lo que te diría que hagas es mantener los ojos abiertos por productos que hayas comprado en el pasado que encajen en los parámetros explicados en este capítulo. Ve si puedes crear tu propia versión de ello. No necesitas ser un experto o tener ninguna "calificación" que puedas haber pensado que necesitas.

Haz tus productos fáciles de crear. No inventes algún aspirador robótico que requerirá miles de dólares en desarrollo.

Aquí tienes algunas ideas:

1. Un instructor de karate crea una serie de videos que muestran cómo incluso una persona débil puede dar patadas poderosas.

2. Un curso en video sobre cómo ligar mujeres independientemente de tus finanzas, tu apariencia o tu nacionalidad.

3. Un suero antiarrugas que rellena las arrugas haciéndote parecer 10 años más joven en solo 60 segundos.

4. Una pastilla que aumenta naturalmente el tamaño del busto de una mujer... sin el riesgo o el costo de la cirugía de implantes.

5. Un experto en apuestas deportivas ofrece acceso a su sitio web especial por 39,95 dólares al mes revelando sus predicciones.

Realmente no hay límite... siempre que la lista de direcciones o la revista esté ahí para hacer publicidad y siempre que las matemáticas funcionen.

Si realmente crees que tienes un gran producto y te costará 75 dólares producirlo, y piensas que puedes venderlo por 300 dólares, más 25 dólares de envío y manejo— incluso si va en contra de los principios que enseño en este capítulo... si te sientes fuertemente convencido— puedes intentarlo.

Ganarás de 225 a 240 dólares de beneficio neto por cada orden... y adivina qué? Si obtienes el 1% de compras... ganarás de 2250 a 2400 dólares de beneficio neto por 1000 cartas enviadas. Cuando restas los 600 dólares por las cartas de venta... aún te quedas con 1650 - 1800 dólares por cada 1000 cartas.

Conozco a muchas personas que no se quejarían de esos números. Y ni siquiera estamos entrando en la discusión del back end que este producto puede o no tener.

Así que, por favor... NADA ESTÁ ESCRITO EN PIEDRA. Los descubrimientos solo ocurren cuando se rompen las reglas.

Otro obstáculo que podrías encontrar es el miedo de no ser "suficientemente bueno" para crear un producto y venderlo como tuyo. Si fueras un golfista, y estuvieras a punto de crear algunos videos y te preocupas de que los verdaderos "grandes" golfistas se rían de ti... olvídalo. Más del 90% de los golfistas no logran romper los 100 puntos y la mayoría son simplemente aficionados.

O qué pasa si creas un producto que crees que no está a la altura de tus altos estándares... Tampoco me preocuparía demasiado, pero déjame aclarar un poco. Siempre debes aspirar a vender y/o crear el mejor producto posible, pero a veces esto simplemente no puede suceder.

Las razones pueden ser que, para alcanzar un cierto punto de precio, debes ahorrar en algunas partes clave... o usar una calidad inferior. Solo hay una persona que tiene el derecho de decirte que tu producto es malo... y es tu cliente.

Si más del 10% de tus clientes piden un reembolso, quizás deberías investigar el problema y tratar de resolverlo... pero incluso si no puedes, más adelante en este libro, te diré cómo retener a tantos clientes como sea posible.

No hay nada malo en vender un producto inferior y probablemente seré el único marketer directo con suficiente coraje para decírtelo por escrito.

Si estás por debajo del 10% de reembolsos y si no engañas a tus clientes en los mensajes publicitarios... entonces vende, vende, vende.

Considera esto y recuérdalo:

Quien tiene habilidades de marketing superiores siempre hará millones de dólares más con un producto medio que alguien con un producto muy superior y escasas o ninguna habilidad publicitaria.

CAPÍTULO 3

Cuando una promoción explota

Desde 1994, he vendido todo tipo de productos a través de respuesta directa: clubes de membresía al por mayor para electrónica de consumo... software para computadoras... libros y cintas de "hazlo tú mismo"... cera premium para autos... lo que se te ocurra, lo he vendido... pero he tenido mi mayor éxito con los suplementos alimenticios.

A lo largo de los años, he tenido personas intentando convencerme de entrar en el negocio de los suplementos alimenticios... pero nunca estuve realmente entusiasmado con este tipo de producto, a menos que fuera algo radicalmente diferente.

Algo radicalmente diferente estaba por venir cuando mi novia me habló de un producto que su peluquera estaba tomando y que todas las mujeres en el salón estaban ansiosas por probar. No entraré en detalles sobre lo que hacía el producto... porque no es importante en este momento.

Sin embargo, el producto del que me hablaba afirmaba hacer cosas sorprendentes. Yo era un poco escéptico, pero cuando investigué en el sitio web del comercializador de este producto, vi que habían realizado un estudio clínico que demostraba que su producto cumplía lo prometido.

Busqué este producto en varias tiendas de vitaminas sin éxito. Finalmente, tuve que ir a otro estado para comprar esta cosa. ¡Costaba 60 dólares por un suministro de un mes!

Mi novia también estaba muy interesada en probar este suplemento por sí misma. Esto es una ventaja cuando decides un producto para comercializar... si tú o tu cónyuge están apasionadamente interesados en probarlo... hay una buena posibilidad de que otros se sientan de la misma manera.

Así que, antes de pensar siquiera potencialmente en comercializar este tipo de producto, necesitaba ver con mis propios ojos que mi novia recibía el resultado deseado que el producto afirmaba.

En cuestión de semanas, ambos notamos que el producto realmente hacía lo que decía... y lo hacía tan bien como decía su estudio clínico. Este producto me estaba emocionando cada vez más.

En ese punto de mi vida, nunca había comercializado o producido suplementos alimenticios, así que estaba un poco confundido sobre el proceso de producción. Pensé que, ya que estas cosas costaban 60 dólares en la tienda, debían costarle al fabricante de 8 a 15 dólares hacer... estaba equivocado.

Hablando con un fabricante de vitaminas local, descubrí que conocía el producto y ya tenía una "mezcla casera" con los mismos ingredientes ya preparada. Todo lo que teníamos que hacer era hacer que un diseñador gráfico creara algunas etiquetas y pegarlas en las botellas.

Pero diría que la mejor parte de este descubrimiento era que estas pastillas... el suministro completo de un mes... en una botella... con una etiqueta pegada, costaba solo 2 dólares por botella cuando las compraba en lotes de 1000... y ese precio bajaría aún más cuando ordenáramos cantidades mayores.

Ahora, este producto tenía cuatro cosas a su favor hasta ahora...

Era un producto consumible: nuestros clientes tendrían que reordenar una botella fresca cada mes si querían seguir viendo los beneficios que este producto ofrecía.

Era barato de producir, pero tenía un alto valor percibido: podía hacer una botella por dos dólares... y podía venderla por 60 dólares. Y de esos 60 dólares, podía mantener el 100% de él ya que recuperaba los 2 dólares de producción en el costo de envío y manejo que el cliente pagaría.

Era pequeño y económico de enviar. Creo que en ese momento, la Oficina Postal nos estaba cobrando 1,87 dólares para enviar una botella en un sobre burbuja. Yo cobraba 6,95 dólares para cubrir el envío y manejo (S/H), así que el costo de comprar el sobre, el costo del Correo, el costo del producto en sí, estaba todo cubierto por esta tarifa. Y estas botellas son pequeñas, por lo que no requerirían un almacén enorme para almacenarlas. Fácilmente podrías poner 2000 botellas en una caja para autos.

Las mujeres tenían un gran problema con lo que este

producto hacía… y solo había otro producto en el mercado en ese momento que ofrecía ayuda para este problema. Y como dije antes, el marketing de este otro producto era terrible.

Así que, lo que hice en este punto fue conseguir 1000 botellas de mi "nuevo" producto. Realmente no las "compré"; simplemente las reservé con el proveedor.

Me senté en mi flamante (en ese momento) iMac naranja y empecé a escribir. Escribí una carta de ventas realmente buena y encontré tres listas de direcciones que pensé que valdría la pena probar primero.

Hice imprimir 9000 cartas de ventas y ordené las tres listas de direcciones. Testearía 3000 nombres de cada lista. Es posible testear con solo 1000 cartas, pero ya que era un comercializador establecido… 3000 era casi parsimonioso.

Una cosa a recordar: para que los resultados de respuesta de una prueba sean válidos… debes recibir al menos 20 órdenes. Así que, si tu objetivo fuera obtener el 1% de compras… deberías enviar al menos 2000 cartas. La clave de este negocio es probar en pequeño y luego escalar a cantidades mayores. Si envías 2000 cartas y obtienes una respuesta del 2.4%, estás viendo 48 órdenes. Eso es suficiente para decir científicamente que en un despliegue obtendrías entre el 2.2% y el 2.6%. Si enviaras 500 cartas y obtuvieras 12 órdenes (todavía el 2.4%)… los 12 órdenes NO son suficientes para evaluar científicamente el porcentaje de respuesta de un despliegue.

Volviendo a mi historia, envié 9000 cartas a 3 listas de 3000 nombres cada una. Todas las 9000 recibieron la misma carta exacta.

Tenía un dispositivo de codificación (del cual hablaré más tarde) que me indicaba de qué lista de direcciones habían ordenado cuando hacían un pedido.

Los pedidos empezaron a llegar, y siempre me gusta presenciar las pruebas... ya que son la base de una promoción de millones de dólares. Quieres asegurarte de que todo esté en orden. Una vez consideré un fracaso una carta de ventas que vendía palos de golf porque no recibí ningún pedido de un envío de prueba. Poco sabía que teníamos el número 800 incorrecto en la carta. La carta con el número de teléfono correcto fue un éxito.

Los primeros pedidos comenzaron a llegar. Recuerdo vívidamente a una señora diciendo cuánto se identificaba con el escritor de la carta de ventas... y cómo casi la hizo llorar. Sacó su tarjeta de crédito inmediatamente. Encontré esto bastante divertido. Supongo que es entonces cuando sabes que eres un buen redactor publicitario. Claro, recibí muchos pedidos, pero la respuesta final no me impresionó mucho...

Esperaba obtener el 2% de compras... fueron muchos menos.

La lista #1 obtuvo solo 10 pedidos y necesitaba 30 para alcanzar el punto de equilibrio.

La lista #2 obtuvo solo 15 pedidos y necesitaba 30 para alcanzar el punto de equilibrio.

La lista #3 obtuvo 30 pedidos y alcanzó el punto de equilibrio.

Es por eso que necesitas probar diferentes listas de direcciones... puedes tener éxito en una lista... y un desastre en otra... incluso si teóricamente son el mismo tipo de personas en ellas. La lógica no existe en este negocio y hasta los profesionales experimentados como yo a veces fallan en obtener suficientes pedidos.

Así que teníamos una lista que alcanzó el punto de equilibrio. Muchos mercadólogos directos dicen que alcanzar el punto de equilibrio representa el 90% del éxito. Ahora necesitas mejorar la promoción.

Intentamos vender a los clientes cantidades mayores de botellas. En lugar de comprar solo una botella por 60 dólares de inmediato... intentamos hacer que ordenaran 4 botellas por 139,95 dólares... pero no funcionó bien.

En el negocio de los suplementos alimenticios, descubrimos que es difícil vender a las mujeres varias botellas por adelantado - incluso a un precio reducido porque son escépticas de si este producto funcionará para ellas... así que pasamos al Plan B.

Me desanimó que las ventas adicionales no funcionaran. Pero tenía una idea para inscribir automáticamente a los clientes en un Club de Clientes Preferenciales donde tendrían derecho a futuros suministros con un descuento de 20 dólares y seguí adelante diciendo que recibirían estos futuros suministros automáticamente. Formulé esto como si fuera todo en su beneficio... mientras, sí, obtenían un descuento... pero yo tenía un contrato abierto con ellos.

Si una mujer prueba un suplemento, incluso si podría no querer comprar 4 botellas por adelantado... cuando esas pastillas o crema o lo que sea le demuestren que funciona, estará en fila, implorándote que tomes su dinero por un nuevo suministro el próximo mes.

Aquí está el texto de mi párrafo:

"Si eres uno de los primeros 200 en ordenar, recibirás la INSCRIPCIÓN GRATUITA a nuestro Club de Clientes Preferenciales donde tendrás derecho a recibir un descuento completo de 20 dólares en todas tus futuras botellas de (nombre del producto). Y para que no pases un día sin (nombre del producto) en tu sistema, recibirás automáticamente una nueva botella cada 30 días y tu tarjeta de crédito será cargada con el Precio de Miembro del Club de 39,95 dólares más 6,95 dólares de S/H - no la tarifa de 59,95 dólares que los no miembros deben pagar. No hay una cantidad mínima de botellas a comprar y puedes cancelar en cualquier momento. El número a llamar es 1-800-123-4567, y puedes llamar las 24 horas del día, los 7 días de la semana."

La adición de este párrafo era la única diferencia respecto a la carta de ventas inicial que alcanzó el punto de equilibrio. Ordené otro lote de nombres frescos del corredor de listas e hice imprimir estas nuevas cartas con el párrafo mágico. Enviamos 3000 cartas y cruzamos los dedos.

Verás, mientras que un back end es imprescindible en

este negocio... una "autoenvío" hace que el back end sea 100 veces más rentable. Nota cómo el párrafo fue formulado como si estuviera haciendo un favor asegurándome de que su botella fresca estuviera allí a tiempo. Aunque es cierto, obtenían la entrega automática y un precio reducido... era yo el verdadero ganador, porque podía cargar automáticamente su tarjeta de crédito cada mes hasta que llamaran y me dijeran que parara. Esto es súper rentable y absolutamente legal de hacer.

Sin embargo... volvamos a lo que sucedió cuando envié las 3000 cartas de venta con este párrafo añadido.

Instruí a nuestros operadores para no mencionar el Club de Clientes Preferenciales a menos que el llamante preguntara sobre él. En la carta, no podrían encontrar el número 800 a menos que hubieran leído el párrafo añadido porque coloqué el número 800 en ese párrafo añadido. La razón por la que no quería que nuestros operadores mencionaran el Club de Clientes Preferenciales era que si alguien llamaba para ordenar y no preguntaba al respecto, mis palabras en la carta hacían la cantidad correcta de venta. Si este club fuera un disuasivo, nunca habrían llamado para ordenar... o al menos habrían preguntado si podrían optar por no participar en el club, lo que hizo una pequeña porcentaje. Y no solo todo esto, pero definitivamente no quería que un operador "desvendiera" lo que había hecho en la carta. Cuando envías estas cartas de venta en grandes cantidades... no puedes responder a todos los pedidos por ti mismo. Tendrás a extraños respondiendo el teléfono que no saben hablar sobre algunas cosas tan bien como podrías hacerlo tú.

Así que los nuevos pedidos comenzaron a llegar... y no mencionamos nada sobre el Club de Clientes Preferenciales. La primera llamante hizo su pedido y colgó... solo para llamar inmediatamente después. Escuché a nuestro operador decir "Club de Clientes Preferenciales"... y pensé para mí... "Ah... está llamando para optar por no participar en el club". Una vez que el operador colgó, fui a preguntarle por qué la señora estaba llamando de nuevo. Casi me da un infarto cuando me dijo... la señora llamó y dijo...

"¿FUI UNA DE LAS PRIMERAS 200 LLAMADAS? ESTOY EN EL CLUB DE CLIENTES PREFERENCIALES, ¿VERDAD?"

¡Estas mujeres realmente querían ser parte del club! Bueno, bueno, bueno.

Después de algunos meses, revisé cuántos meses (botellas) estas mujeres continuarían tomando mi suplemento. El promedio era de 4,4 meses.

Lo redondeé a 4 meses. Así que llamaban y ordenaban una botella inicial de 50 dólares, luego les enviaba otras 3 botellas en los siguientes 90 días por 40 dólares cada una. Ya que me costaba 50 dólares llevar dentro la venta inicial de 50 dólares (punto de equilibrio)... las tres ventas de 40 dólares sumaban 120 dólares... lo que era un retorno de más del 300% en mi dólar publicitario inicial. ¿Dónde más puedes obtener un ROI mensual del 300%...? Eso es un ROI anual del 3600%... y la promoción es solo un punto de equilibrio... ¡no uno de mis mayores éxitos!

Continué construyendo una base de datos de

autoenvío de 10.000 mujeres que recibían este producto mensualmente por un total de ventas anuales de más de 5 millones de dólares. Si solo hubiera probado una lista de direcciones... no habría descubierto la que alcanzó el punto de equilibrio... Si no hubiera pensado en el Club de Clientes Preferenciales... no habría descubierto que aún podía hacer el 300% de ROI.

Logré construir este producto hasta 10.000 ventas al mes, trayendo solo 2500 nuevos clientes cada mes de una lista de 25.000 de la cual obtenía el 1% de compras. Los 2500 clientes recibían en promedio 4 botellas en total... así que 2500 multiplicado por la vida del cliente de 4 meses, llegábamos a 10.000 ventas mensuales.

Mientras este producto era bueno, ganándome a mí y a mi socio al 50% 10.000 dólares a la semana cada uno... solo era un trampolín para mi próximo suplemento.

Esta vez, pensé en intentar hacer un suplemento que los hombres comprarían. Después de todo... soy un hombre y tal vez podría escribir una carta mejor porque realmente sé lo que están sintiendo... mientras que solo podía basarme en lo que las mujeres me decían que sentían cuando escribí la última carta.

Hice que mi fabricante de vitaminas desarrollara una mezcla de hierbas para mí - no costó nada, ya que produciría las píldoras a través de ellos.

Escribí la carta de venta. Era básicamente la misma oferta que tenía para el primer suplemento... la primera botella por 59,95 dólares más 6,95 dólares de envío y manejo y luego serían automáticamente inscritos en mi Club de Clientes Preferenciales y recibirían envíos mensuales automáticos.

Habría estado feliz si este producto hubiera llevado la misma respuesta de punto de equilibrio que el primero para las mujeres... ya que este producto tenía 10 veces más listas sobre las cuales alcanzar el punto de equilibrio... obteniendo así un número mayor de miembros del club en el autoenvío.

Envié la carta a cuatro listas diferentes en cantidades de 3000 cada una... Lista #1: Revista Maxim, Lista #2: Revista Playboy, Lista #3: Compradores del Catálogo Adam & Eve y Lista #4: Compradores del Catálogo "masculino" de Frederick's of Hollywood.

Los resultados finales 30 días después fueron sorprendentes...

Lista #1: Necesitábamos 30 órdenes para alcanzar el punto de equilibrio... ¡obtuvimos 60!

Lista #2: Necesitábamos 30 órdenes para alcanzar el punto de equilibrio... ¡obtuvimos 60!

Lista #3: Necesitábamos 30 órdenes para alcanzar el punto de equilibrio... ¡obtuvimos 90!

Lista #4: Necesitábamos 30 órdenes para alcanzar el punto de equilibrio... ¡obtuvimos 90!

Estos números eran fenomenales... pero lo más increíble era que también logré que los clientes compraran en promedio 4 botellas a través del Club de Clientes Preferenciales. Cada cliente valía para nosotros 180 dólares y cada prueba de 3000 nombres nos costaba solo 1800 dólares en envío. Haz tú los cálculos.

En cierto punto, llegamos a hacer casi 1.2 millones de dólares de ganancia al mes.

Pero eso no era nada.

Inmediatamente coloqué publicidad en todas las revistas masculinas... anuncios de página completa... y todos produjeron el mismo ratio de ganancia que el correo directo (aproximadamente 6 veces)... luego pasé a tres páginas de anuncios en cada revista y todos produjeron un ratio de ventas a costo publicitario del 600% también.

Coloqué este producto en spots de radio de 60 segundos. Estábamos obteniendo un retorno del 600% en nuestro costo publicitario.

Coloqué este producto en spots de TV de 60 segundos. Estábamos obteniendo un retorno del 600% en nuestro costo publicitario.

Terminamos gastando 1.25 millones de dólares al mes en publicidad de TV, radio, revistas, Internet y correo directo. Trajimos a casa 7.5 millones de dólares en ventas... más de 4 millones de esos eran dinero que mi socio y yo nos dividíamos al 50%. Sí, estaba haciendo alrededor de 24 millones de dólares al año. Solo me tomó 24 meses llevar la empresa a este tamaño. La empecé con las 9000 cartas de prueba que me costaron 5400 dólares en envío.

Reinvertí mis ganancias. No tuve capitalistas de riesgo. No vendí acciones. No saqué dinero de mis ahorros para construir este negocio. Fue completamente autofinanciado.

Cuando una de estas promociones "explota"... te sorprenderás de lo que se siente.

CAPÍTULO 4

La lista de correo

En este capítulo, cubriremos probablemente la parte más importante del éxito o fracaso del marketing directo por correo. Una gran carta de ventas, que vende un excelente producto a una lista pobre, nunca rendirá tanto como una carta mediocre, que vende un producto mediocre a una lista de direcciones CALIENTE. Si hay una manera de ser estafado en este negocio, es uno de los cuatro lugares donde sucederá: en las listas de direcciones (cubriré los cuatro en detalle más adelante, los otros tres son: en la imprenta, en la Oficina de Correos, o en las declaraciones de circulación de revistas no verificadas). Pero ahora estamos hablando de listas de direcciones, así que sigamos adelante.

Primero que todo, nunca consideres una lista de direcciones si no está listada en el SRDS Direct Mail List Source Book. Si estás pensando en probar una de esas compañías de listas de direcciones que anuncian en Entrepreneur Magazine o Small Business Opportunities Magazine... te aconsejaría que ahorres tu dinero y te enfoques en el libro SRDS. Las otras listas de direcciones usualmente están muy mal compiladas y, créeme, por mi experiencia, nunca he logrado que funcionen, y no conozco a nadie que lo haya hecho.

Existen varios tipos de listas de direcciones:

1. Listas de COMPRADORES: Estas son listas compuestas por personas reales que han comprado de la empresa. Los compradores del catálogo de Victoria's Secret es una lista de todas las personas que han comprado de su catálogo, y puedes seleccionarlos por fecha. Los nombres de los últimos 12 meses, de los últimos 6 meses, de los últimos 3 meses, incluso las HOTLINES de los compradores del último mes. Las listas de compradores son las listas de direcciones más poderosas para alquilar.

2. Listas de SUSCRIPTORES: Estas listas son lo que su nombre indica... suscriptores a una revista... o a un boletín. Aunque estas listas son excelentes, y son algunas de las listas más grandes, son menos poderosas que las listas de "compradores" reales... parte de la razón es que las suscripciones se venden de muchas maneras. Suscripciones vendidas por correo directo, suscripciones vendidas a través de concursos (tipo Publishers Clearing House), suscripciones gratuitas de 3 meses... suscripciones con pago aplazado, etc. Obviamente, los mejores suscriptores son aquellos VENDIDOS POR CORREO DIRECTO. Así que, si puedo, a veces elimino todos los suscriptores VENDIDOS POR CONCURSO de las listas que pruebo.

3. Listas COMPILADAS: Estas listas son las menos poderosas de las tres, pero a veces he logrado que funcionen para mí. Las listas compiladas están compuestas de datos recopilados de alguna manera y organizados. Hace años, una empresa RL POLK (ahora propiedad de EQUIFAX) tenía una lista compilada que probé y funcionó para mí DOS VECES en dos ofertas distintas. Esta lista estaba compilada a través de tarjetas de garantía. Sabes cuando compras un ordenador y la tarjeta de garantía tiene un millón y una pregunta y te sientes obligado a responder a cada pregunta o de lo contrario tu garantía podría ser invalidada... bien, esos datos iban directamente a RL POLK.

Tengo un enfoque bastante sistemático para el alquiler de listas de direcciones. Así es como lo abordo:

1. Quiero las grandes HOTLINES. Quiero saber que puedo contar con un flujo fresco de leads cada mes para mis cartas de venta.

2. Me gusta probar SOLO de compañías y/o revistas de las que he oído hablar. Si la lista proviene de una compañía de la que nunca has oído hablar... No estoy diciendo que no las uses... solo digo que no las pruebes primero.

3. Me gustan las listas de direcciones donde los clientes han pagado mucho para entrar... posiblemente más de lo que yo estoy

vendiendo mi producto. Verás esta estadística listada en la sección AVG. UNIT SALE de la datacard. Esta es otra razón por la que las listas de suscriptores no son tan efectivas como las listas de compradores… las suscripciones a revistas son baratas - usualmente por debajo de los 20 dólares.

Pero también he ganado la mayor parte de mi dinero de las listas de suscriptores y esto por al menos dos razones. Las listas de suscriptores a revistas suelen ser enormes. Prefiero ganar un dólar en un millón de nombres que ganar cuatro dólares en 25,000 nombres… ¿no estás de acuerdo? Hay una diferencia entre potente y rentable.

La mayoría de los libros sobre correo directo te dirán sobre las pautas RFM a tener en cuenta cuando seleccionas una lista de direcciones. Creo que vale la pena examinarlas.

R F M

Recency (Recencia)

La más importante de las tres. Esto se refiere a qué tan reciente es el nombre en la lista. Las personas tienden a comprar en oleadas. Quieres captarlas mientras están en esa ola. Puede durar 30 días… puede durar 6 meses. Obviamente, cuanto más reciente, mejor. Aquí es donde la lógica parece fallar. Podrías pensar que si alguien acaba de comprar una píldora para adelgazar el mes pasado… no estaría listo para probar tu marca al menos durante dos meses.

Pero no es así como funciona. Lo mismo aplica para quienes buscan oportunidades. Podrías pensar que si alguien compró un libro sobre cómo hacer dinero el mes pasado... no compraría otro libro sobre el tema por al menos algunos meses, pero la realidad es diferente. Si compraron una píldora para adelgazar el mes pasado... es más fácil venderles otra píldora 4 semanas después que 12 meses después.

Frequency (Frecuencia)

Esta es la segunda más importante. La frecuencia indica cuántas veces ese cliente particular ha comprado. Los clientes que han comprado múltiples veces son dos veces más propensos a comprar de nuevo en comparación con aquellos que han comprado una sola vez. Por lo tanto, cuanto más hayan comprado, más valiosos son.

Monetary (Monetario)

Este es el menos importante de los tres, pero sigue siendo relevante. Monetario se refiere a cuánto ha gastado este cliente para estar en esta lista. Naturalmente, te será más fácil intentar vender tu producto de 60 dólares a una lista de clientes que todos han pagado 500 dólares por algo, en lugar de intentar vender el mismo producto a una lista de personas que gastaron 10 dólares para comprar el producto que los llevó a estar en la lista de direcciones.

CAPÍTULO 5

Publicidad en revistas

¿Cómo saber de antemano si anunciarse en una revista en particular te hará ganar o perder dinero? Básicamente, eso es todo lo que importa.

Cuando les dije que seleccionaran una lista de direcciones y luego adaptaran un producto a ella... no recomendaría hacer lo mismo con los anuncios en revistas. Si estás probando un nuevo producto, comprar espacios publicitarios en revistas para testear puede ser mucho más costoso que enviar algunas miles de cartas de venta por correo... y la respuesta que recibirás por correo directo llegará mucho más rápido que los resultados de un anuncio en revista, dado que tardarás tres meses desde el momento en que envías tu material hasta que veas tu anuncio en los estantes de las revistas.

Sin embargo, aún pienso que anunciarse en revistas es mucho más sencillo de hacer "funcionar" en comparación con las cartas de venta... por una simple razón: la lista de direcciones que seleccionas es una variable enorme para tu éxito. Diría que hay un 40% al 50% de posibilidades de que la lista de direcciones que selecciones haga fallar tu prueba. Es más fácil ser estafado o simplemente alquilar la lista de direcciones equivocada en comparación con elegir una mala publicación donde anunciarte.

Es muy posible enviar 3000 cartas de venta y no recibir ni un solo pedido. ¡Envié una prueba de 4000 cartas hace algunos meses y no recibí ni un solo maldito pedido!

Por otro lado... mientras te anuncies en una revista que realmente puedes encontrar en los estantes de los quioscos... estoy seguro de que recibirás al menos algunos pedidos. El truco está en ver si puedes obtener más dinero en pedidos de lo que tienes que gastar para comprar el anuncio.

Mantente alejado de las revistas nuevas

Si una revista de circulación general es nueva y no ha estado a la venta por al menos un año, no me anunciaría en ella. Me refiero a revistas como FHM, MAXIM, COSMO, etc.

Si tienes un producto relacionado con un mercado de nicho como los estéreos para coches y sale una nueva revista de estéreos para coches, diría que vale la pena hacer una prueba porque esa revista es una "especializada". Las personas que la compraron en el quiosco probablemente eran aficionados a los estéreos para coches. Y no eran chicos cualquiera que tomaban una copia de EDGE... una imitación de MAXIM.

Ahora, si realmente quieres probar una nueva revista... aquí está la única manera de hacerlo:

Dile al representante de publicidad que estás escéptico porque son nuevos. Pide que corran tu anuncio gratuitamente y, si funciona, les darás un contrato completo de 12 meses. Si no están de acuerdo... olvídalos.

Costo por Mil (CPM)

Todo el espacio publicitario en las revistas se vende en base a CPM. Así es como nosotros, los profesionales, evaluamos por qué estamos pagando el espacio. Les diré... en los primeros años 90, podía comprar anuncios de página completa en revistas como MOTOR TREND por 10 dólares por mil. Hoy (2005), si logras negociar duro y pagas 20 a 30 dólares por mil, has hecho un buen trato.

Así es como se calcula el CPM: las revistas cuentan cuántos suscriptores y cuántas ventas en quioscos obtienen por un solo número. Digamos que tienen 500.000 ventas en quiosco y 500.000 suscriptores. Eso significa que tienen 1 millón de circulación pagada.

Recuerda la palabra CIRCULACIÓN PAGADA. De todos modos, tienen un millón de personas comprando la edición. Si fueran a insertar un anuncio de página completa en su revista, querrías pagar no más de 20.000 a 30.000 dólares por cada millón de lectores pagantes.

Si tienes un anuncio de página completa que funciona muy bien para ti en la Publicación A y estás pagando $25/M por un anuncio de página completa... cuando vayas a anunciarte en la Publicación B... querrás pagar $25/M o menos.

Siempre intenta pagar menos. Cuanto menos pagues, más efectivo podrás retener, y ese es el nombre del juego.

Circulación Verificada

Las revistas pueden mentir sobre su circulación. Muchas publicaciones nuevas lo hacen. Para permitir que las empresas evalúen de manera justa las diferentes revistas donde anunciarse, hay dos auditores de circulación de terceros que las revistas contratan para validar sus números de lectores. ABC es el más común por el que la mayoría de las revistas son verificadas.

Lo que hace esta empresa es investigar los números de la revista. Cualquier revista que diga tener más de 250.000 de circulación pagada y no tenga una auditoría de ABC es poco creíble.

Los números realmente importantes a mirar en la hoja de auditoría rosa son los suscriptores pagados y las ventas en quiosco pagadas. Suma estos dos y luego evalúa tu CPM a partir de este conteo.

La Estafa del "Lectorado Total"

Esta estafa es divertida y odio las revistas que intentan aplicarla conmigo. Aquí está el truco: La Revista A afirma tener 500.000 lectores. La palabra clave es "lectores". La mayoría de los anunciantes asumirían que la revista está vendiendo 500.000

copias por número. ¡EQUIVOCADO!

Si tienes la suerte de que una revista te hable de su total de "lectores"... diles que eso está bien... pero estás interesado en cuántas CIRCULACIONES PAGADAS tienen por número.

La CIRCULACIÓN PAGADA es el único número que te interesa. Cuando hagas esta pregunta, la Revista A, que se jactaba de 500.000 lectores, tendrá que decirte que venden 100.000 copias cada mes, pero una encuesta que realizaron dice que sus revistas son leídas por otras 4 personas, además de la persona que originalmente la compró. Esto también se llama lectorado "pass-along".

No importa cómo lo llames, es una estafa. El CPM debe basarse SOLO en la circulación pagada real.

Frecuencia

Las revistas vienen en todas las diferentes frecuencias. Algunas son mensuales... algunas bimestrales... algunas trimestrales... ¡algunas CADA SEMANA! Aquí está mi consejo sobre la frecuencia: Un anuncio en revista debe reportar una ganancia antes de que salga el próximo número. Las mensuales y bimestrales son buenas. Todo lo demás o es demasiado rápido o demasiado lento para recuperar tus dólares publicitarios y hacer una ganancia.

Relación entre Quisco y Suscriptores

Las revistas deberían tener un equilibrio 50/50 entre

suscriptores y ventas en quiosco. Si una revista tiene demasiados suscriptores en comparación con las ventas en quiosco, tu publicidad "se agotará" más rápidamente porque la base es estática: los suscriptores son los mismos lectores cada mes, mientras que las ventas en quiosco podrían no serlo... además, un comprador en quiosco debe efectivamente levantarse e ir a comprar la revista cada mes. Puedes estar seguro de que la leerá de cubierta a cubierta. Un suscriptor recibe un número por correo... ha pagado mucho menos por la revista en comparación con lo que pagó el comprador en quiosco... la suscripción podría haber sido un regalo de alguien más... podría ni siquiera revisar su correo por meses y meses. Los lectores en quiosco son de mejor calidad.

Busca un 50/50... y si hay un porcentaje mayor de ventas en quiosco, es bueno. Pero, entiende que si una revista es 90% suscriptores y 10% quiosco, tu publicidad podría agotarse más rápidamente.

Lo Más a la Derecha y Alto Posible

Cuando hagas correr un anuncio, siempre asegúrate de obtener una página a la derecha... y pide estar lo más alto posible. Pero asegúrate definitivamente de obtener una página a la derecha. Si quieren dinero extra por esto... busca una publicación diferente donde anunciarte... a menos que de todos modos te ofrezcan un CPM excepcional.

Obtendrás mejores resultados si estás en el lado derecho de la revista.

Si estás haciendo un anuncio más pequeño que una página completa, aún querrás que esté en la página derecha y lo más alto posible.

Publicidad Fraccionada

Tal vez aún no tengas suficiente dinero para colocar anuncios de página completa, y está bien. Puedes colocar anuncios fraccionados. Estos anuncios son de 1/3 de página... 1/2 página... 2/3 de página... incluso 1/12 de página.

Aquí está mi teoría. Preferiría tener un anuncio de página completa en una revista con menor circulación que un anuncio más pequeño en una publicación más grande.

Recuerda, todavía tienes que vender algo en tu anuncio. La mayoría de los productos necesitan una página completa si planean vender directamente desde la página.

Si haces anuncios fraccionados, elige un 1/2 página vertical en lugar de un 1/2 página horizontal... intenta mantener el anuncio en la esquina superior derecha de la página. Si estás tratando de vender tu producto directamente desde la página... necesitarás al menos un anuncio de 1/2 página.

Negociación del Costo del Anuncio

Aquí tienes algunos métodos comprobados para reducir los precios con el Editor. Primero, dile al representante publicitario que eres tu propia agencia de publicidad interna. Estas palabras te ahorrarán un 15% de inmediato. Las agencias publicitarias obtienen un 15% de comisión sobre todos los anuncios. Además, asegúrate de decirles que eres un anunciante de respuesta directa. Esto podría conseguirte una tarifa totalmente nueva que será hasta un 25% más baja. La razón es simple. Los editores saben que si eres un anunciante por correspondencia, contarás las ventas de tu anuncio. Los anunciantes generales no hacen esto, por lo tanto, el editor sabe que puede aprovecharse. La agencia publicitaria del anunciante general no se preocupa demasiado por esto, porque ganan una comisión del 15% del costo total del anuncio que la empresa coloca. Cuanto más cobra la revista, más gana la agencia en comisiones.

Las agencias publicitarias son inútiles. De hecho, una vez que termines de leer este libro, probablemente podrías ir a Madison Avenue en Manhattan y crear anuncios mejores que el 75% de los que producen esos tipos en sus oficinas lujosas en lo alto de la ciudad.

Otra técnica que puedes usar para bajar el precio del anuncio es pedir un descuento por "pago anticipado", si tienen uno. Así puedes ahorrar un 3% adicional.

Además, dile al anunciante que quieres la tarifa por 12 inserciones. Obviamente, si el anuncio funciona para ti, seguirás publicando más y más anuncios en la revista, ¿verdad? Si va mal, no estás obligado a publicar más anuncios, incluso si dijiste que harías otras 11 inserciones.

Ninguna revista me ha demandado por romper un contrato si no anuncié el resto de mis 11 meses.

Cuando sumas y utilizas todas estas técnicas... deberías poder reducir el precio de la tarifa por una sola inserción en un 50%.

¡*Las Páginas Dobles Son Terribles!*

Las páginas dobles son anuncios de dos páginas, una a la izquierda y otra a la derecha. Pueden parecer bonitas y hacerte sentir bien porque tu anuncio es dos veces más grande, por lo que debe ser dos veces más poderoso... pero no es así. Déjame explicarte.

El éxito en este negocio, tanto en correo directo como en anuncios espaciales, es solo hacer que tu anuncio sea visto y leído. Una página doble no atrae el 100% más de lectores... y aún así cuesta el 100% más. Con una página doble, tienes suerte si atraes el 50% más de lectores, debido a su tamaño adicional... pero aún estás atrapado pagando el 100% más.

Si el texto de tu anuncio publicitario se extiende a otra página... coloca tu primera página a la derecha... luego la segunda página en el reverso de la primera página. De esta manera, puedes atraer a un posible lector en dos giros de página diferentes... y si un lector quiere arrancar tu anuncio, todo lo que tiene que hacer es arrancar la página y tiene el frente y el reverso de tu anuncio en un solo tirón. Al hacer tu anuncio de dos páginas de esta manera, en lugar de una página doble, podrías obtener un 200% más de pedidos por el 200% más de costo publicitario... ¡con eso puedes vivir! NUNCA, NUNCA, NUNCA hagas una página doble. Nunca han funcionado para mí.

Qué Es Realmente un Anuncio en Revista

Un anuncio en revista es esencialmente tu carta de venta formateada para parecer un artículo de la revista. Un anuncio en revista no está destinado a parecer elegante. No debe parecer en absoluto un "anuncio". Quieres "tomar prestada" un poco de credibilidad de la publicación, así que haz que tu anuncio imite el formato editorial de la publicación. Y para no tener que poner la palabra PUBLICIDAD en la parte superior en letras de 20 puntos... cuando crees el anuncio... haz que el diseñador gráfico ponga la palabra, "Advertorial" o "Especial Advertorial" en la parte superior o inferior. Si agregas estas palabras de antemano, el editor no tendrá que hacerlo... y a su manera... que obviamente, será más grande de lo que debería ser.

La gente lee y confía en las revistas. Obtienes automáticamente un poco de credibilidad solo por el hecho de tener tu anuncio en la revista... pero puedes obtener credibilidad extra haciendo que tu anuncio parezca una página de la revista.

Se ha demostrado que un 500% más de personas lee anuncios con estilo editorial en comparación con anuncios llamativos, brillantes, suaves... y recuerda, este negocio se trata primero que todo de hacer que tu mensaje sea visto por potenciales clientes. Conseguir 5 veces más personas que lean tu anuncio probablemente te llevará cinco veces los pedidos.

Condensar

Cuando escribas tu anuncio, podrías encontrarte con un pequeño problema donde hay demasiado texto y no suficiente espacio. En lugar de comprar otra página y en lugar de eliminar copia de venta potencialmente poderosa, lo que te recomiendo hacer es reducir el tamaño del texto. Si tienes un lector interesado, leerá una fuente de 8 puntos si es necesario. Paradójicamente, un anuncio que parece abarrotado parece como si tuviera algo importante que decir al lector.

Circulación Controlada

Anteriormente en este capítulo, hablamos sobre la circulación pagada. Algunas revistas, especialmente las PUBLICACIONES DE SECTOR, tienen lo que se llama CIRCULACIÓN CONTROLADA. Esto significa que los lectores no han pagado por sus suscripciones, pero todos han tenido que calificar de alguna manera para recibir la revista. Una revista de sector podría ir dirigida a 100.000 contables. Para obtener esta revista, debes ser un contable. Si eres un contable y has solicitado esta revista, la recibirás gratuitamente.

Ahora, los anunciantes pagan un poco más por estas revistas de circulación controlada ya que el editor no gana nada de sus lectores... su única fuente de ingresos proviene de los anunciantes, por lo que tienen que pedir un poco más.

Nunca he tenido un éxito notable anunciándome en una revista de sector. En parte porque generalmente me mantengo solo en el marketing de masas al consumidor. Honestamente, no puedo deciros más sobre las publicaciones de circulación controlada o mis éxitos o fracasos en ellas, ya que no las he explorado mucho.

Mantente con el Blanco y Negro

Los anuncios a color cuestan más. Los anuncios en blanco y negro son más baratos. El trabajo inicial de tu anuncio es destacarse de los demás anuncios. Los anuncios en blanco y negro resaltan, obtienen una mejor respuesta y cuestan menos. El color es bueno si el editor te lo ofrece gratuitamente... de lo contrario, nunca pagarías un centavo por un anuncio a color. Además, si vas a usar tu "color gratuito"... úsalo con moderación. En serio.

Todos Tienen Ojos

Una cosa que odio de la publicidad en revistas es que los plagiadores y otros individuos turbios miran tu anuncio si lo publicas mes tras mes. Créeme, si eres lo suficientemente afortunado como para obtener un anuncio ganador, tan pronto como lo publiques tres o cuatro veces, podrías ver a algunos plagiadores copiar tu idea y publicarla entre las mismas páginas de la revista. Incluso podrían llegar a apuntar a tu precio, o tu oferta, o tu garantía y luego tener el descaro de presumir de cómo la suya es superior. Así que, no solo robarán tu idea... sino que también hablarán mal de ti al mismo tiempo. Ahora, hay numerosas formas de lidiar con los plagiadores que cubriré más en detalle más adelante en este libro. Aunque este es un inconveniente de la publicidad en revistas... los anuncios en revistas son aún extremadamente poderosos y necesarios para tener éxito en este negocio.

CAPÍTULO 6

Crea tu Swipe File

Cada persona exitosa en el negocio de la respuesta directa posee lo que se llama un "Archivo de Modelos" (Swipe File). Un archivo de modelos es una colección de publicidades y solicitudes de correo directo que aprecian.

Incluso si no les gusta un mensaje de venta en particular, si continúan viéndolo anunciado en revistas... o siguen recibiendo por correo, lo recogen, ya que deben funcionar para sus propietarios. Si estos anuncios y cartas de venta no funcionaran, sus dueños no seguirían gastando dinero en publicarlos o enviarlos. Algo que funciona siempre vale la pena ser recogido y diseccionado para ver qué lo hace funcionar.

Si estás vendiendo un producto en particular, es crucial recoger todos los mensajes de venta de tus competidores. Intenta ordenarlos todos y ve qué upsells están ofreciendo... ve cuáles son sus productos de back end. Harás las mismas ofertas a tus clientes.

A medida que leas este libro, aprenderás a convertirte

en un maestro en reconocer la gran publicidad. Te mostraré cómo reconocer a otros mercadólogos con habilidades supremas. Este no es un negocio de reinventar la rueda cada vez.

Por ejemplo, una compañía de crema para la piel podría ofrecer una muestra gratuita de 14 días en sus anuncios. Todo lo que piden es que sus clientes cubran una tasa nominal de envío y manejo, que debe pagarse con una tarjeta de crédito.

Ahora, a simple vista, podrías pensar que realmente están solo regalando la muestra gratuita de su producto... pero cuando efectivamente los llamas y ordenas su muestra, tendrán un guion que el operador leerá para ti. Dirá algo como:

"Tu muestra gratuita de 14 días de (nombre del producto) será enviada hoy. Una vez recibido, úsalo según las indicaciones. Si no estás absolutamente encantado con lo que (nombre del producto) hace por la apariencia de las arrugas y líneas finas, simplemente llámanos dentro de los 14 días y dínoslo. Pero si estás encantado - viéndote 10 años más joven con nuestro producto, no hagas nada y un nuevo suministro de 30 días te será enviado automáticamente cada mes y solo serás cargado 29,95$ más 4,95$ de envío y manejo por cada entrega mensual. Puedes cancelar en cualquier momento. Una vez más, gracias por probar (nombre del producto). Deberías recibir tu tubo de muestra gratuita de (nombre del producto) dentro de los próximos 10 días. Nuevamente, gracias por llamar!"

Ahora, si no hubieras respondido al anuncio de tu competidor, nunca habrías descubierto el método detrás de su locura. Un anuncio que regala una muestra casi siempre proporcionará más órdenes en comparación con intentar vender el producto directamente desde la página. Debes mantener un ojo en lo que hacen los demás en tu campo relacionado.

Los grandes redactores publicitarios reconocen un gran texto. Simplemente tienes que recoger. Un archivo de modelos también es excelente cuando estás buscando nuevas ideas o para obtener excelentes frases para usar en tus propias cartas de venta o publicidad.

CAPÍTULO 7

El back end

El back end es donde llegan todos los verdaderos grandes beneficios. Ahora, no necesitas forzar a tus clientes a comprar como suelo hacer yo con mis "clubes".

Puedes simplemente tener dos... tres... cinco o más productos de back end para revender a tus clientes. Puedes venderlos mientras están al teléfono ordenando el producto inicial, puedes incluir una oferta de back end en el envío del producto, puedes volver y enviar por correo a tu lista de clientes cada 30 días... o cada 14 días... o incluso cada semana. ¿Sabes cuándo dejar de enviar por correo? Cuando dejas de ganar.

Tus clientes no se aburrirán de recibir tanta publicidad de ti. Recuerda, querían tu producto... ¿por qué no querrían productos adicionales para hacer que su compra inicial sea mejor o más gratificante para ellos?

Vendí mi primer libro de respuesta directa en 1995. Vendí alrededor de 20,000 copias yo mismo a través de anuncios en revistas y cartas de venta. Mientras que las ventas eran fuertes, solo estaba rompiendo incluso. Si no hubiera tenido un fuerte back end, no habría tenido sentido realizar los anuncios iniciales.

Esto es lo que hacía: aproximadamente una semana después de la compra, enviaba a los clientes una carta de venta que les ofrecía un producto relacionado con el libro por 200 dólares. Convencía al 5% de comprar. Haciendo cuentas, eso es 10 dólares por cada carta de back end que enviaba. Recuerda, la venta inicial era solo de 20 dólares, y mi primer producto de back end ponía otros 10 dólares en mi bolsillo. Luego, tres semanas después, enviaba a los mismos nombres otra oferta. De nuevo, era un producto de 200 dólares, pero diferente al primero. Convencía a otro 5% de comprar. Aquí van otros 10 dólares en mi bolsillo. En este punto, había convertido a cada cliente que había comprado un libro de 20 dólares en un cliente de 40 dólares. Unas semanas después llegaba la oferta de back end n.º 3. Otro producto por 200 dólares. De nuevo, convencía al 5%. Ahora estamos en 30 dólares de back end por una compra de un libro de 20 dólares. Ahora estamos en 50 dólares. Unas pocas semanas más y llegaba la oferta n.º 4. Esta vez era un producto de 1000 dólares. Convencía al 1%... pero dado que el producto costaba 1000 dólares, agregaba otros 10 dólares a mis ganancias de back end. Ahora estamos en 60 dólares de ventas por cliente. Y así continuaba indefinidamente. Cuando finalmente me quedaba sin productos relacionados, reenviaba la primera, segunda, tercera, etc., ofertas. Por lo tanto, mientras la mayoría de las personas se preguntarían por qué estaba emocionado de vender libros por 10,000 dólares de un anuncio de 10,000 dólares... yo sonreía.

Ves, en este negocio, la razón principal por la que la

gente no compra de ti es simplemente porque no creen lo que dices en tus anuncios y cartas de venta. Una vez que les has vendido el producto inicial, si están al menos satisfechos con lo que recibieron... comprarán de nuevo, y de nuevo... 10 veces más fácilmente porque te conocen y te creen más que a un potencial cliente "frío".

Tu lista de clientes es el activo más valioso que posees. Puedes reenviarla una y otra vez y nunca se agotará. Ni siquiera intento comercializar productos a menos que tengan un gran potencial de back end. Las ventas de back end también pueden provenir de la reventa del mismo producto que vendiste primero, como en el caso de una píldora o una crema...

Si has vendido un libro, puedes ofrecer un curso avanzado sobre los principios enseñados en el libro, puedes organizar un seminario por varios miles de dólares, puedes ofrecer tus servicios a tus compradores de libros en forma de consultoría, ¡incluso puedes comercializar productos de otras personas a tu lista y dividir el dinero con ellos! Mi amigo y mentor Jay Abraham llama a esto marketing "Huésped Parásito". Entraré en esto a continuación.

Cuando hagas productos de back end, con la excepción de un club de entrega automática donde tienes que hacer un precio reducido para que valga la pena para ellos... los "kits" de back end deberían costar de cuatro a diez veces el precio de su compra inicial. No envíes cartas de venta que ofrezcan a los clientes que inicialmente compraron un producto de 60 dólares un producto de 15 dólares. Ya has ganado su confianza... por lo tanto, puedes pedirles un precio más alto.

Recuerda, todo esto no funcionará si estás vendiendo a tus clientes productos de baja calidad. Si un cliente ha comprado algo de ti y no ha quedado satisfecho, es poco probable que vuelva a comprar. Aunque tu producto no tenga que cambiar sus vidas... debe al menos satisfacerlos de alguna manera.

Cuando el producto de envío automático es diferente en cada envío, como por ejemplo una serie de videos, puedes tener un precio de venta inicial más bajo... pero cuando el producto es el mismo en cada envío, como una botella de pastillas... debes ofrecer el precio más bajo en los envíos futuros, de lo contrario no habrá ventaja en estar en el club. Si estás vendiendo una botella de pastillas por 20 dólares para atraer a muchos clientes y luego les dices que enviarás automáticamente un nuevo suministro cada mes por 60 dólares, te dirán que olvídalo y ordenarán nuevamente cuando lo consideren oportuno a la tarifa inicial de 20 dólares. Esto no sucedería en el club de videos... porque ¿quién ordenaría el mismo video cada mes en lugar de uno nuevo, dado que los videos son diferentes en cada envío? ¿Entiendes?

Me tomó mucho tiempo darme cuenta de que puedes enriquecerte muy rápidamente con un producto que se presta a las ventas de back end... especialmente cuando el producto es consumible - y puedes enviar automáticamente un nuevo suministro cuando se acaba.

Hace unos minutos, estaba hablando de la técnica "Host Parasite" o "Endorsed Mailing" de mi mentor Jay Abraham. Déjame explicártela completamente ya que es otra potente técnica de back end.

Digamos que estoy comercializando la venta de este libro.

Si voy a mi amigo que tiene un boletín con miles de lectores y me permite enviar correos a su lista de suscriptores, podría obtener el usual 2% al 4% de respuesta que obtendría de cualquier lista dirigida que testeé.

Pero si voy a él y le digo: "Amigo, has leído mi libro y sabes que es increíble. En lugar de enviar yo el correo a tu lista de suscriptores, ¿por qué no reescribimos mi carta de ventas como si la hubieras enviado tú? Hablarías bien de mi libro a tus suscriptores y podríamos hacer una especie de división de ganancias. Yo aún cubriría el costo completo del envío de las cartas de ventas, así que no habría costos para ti y solo ganancia pura." Si él acepta, en lugar de obtener el 2% al 4% de compras de mi libro... ahora podría obtener algo como el 10% porque él lo está patrocinando a sus lectores.

Incluso cediendo una parte de las ganancias a él, todavía ganaría mucho más dinero que promocionando el libro por mi cuenta.

Y esta técnica también funciona al revés. Digamos que he vendido 20,000 copias de mi libro a través de cartas de venta directa y publicidad en revistas y mi amigo quiere obtener más suscriptores para su boletín. Puede venir a mí, o yo puedo ir a él, y podemos hacer algún tipo de acuerdo en el que él o yo... o ambos cubrimos los gastos de marketing para enviar su carta de ventas a mi lista de 20,000 clientes y dividiríamos las ganancias. Ganaría dinero de un producto que no poseo... y él ganaría nuevos suscriptores con un enorme flujo de órdenes porque escribí la carta a mis clientes diciéndoles cuán increíble es el boletín de mi amigo.

Si eres un mercadólogo experimentado... puedes hacer este tipo de tratos con 5 o 10 productos diferentes y compartir las ganancias en todos ellos. Obviamente, el mejor caso sería que el otro cubra los gastos de marketing... pero eso no siempre es posible... especialmente si eres un desconocido. De cualquier manera, organiza algún tipo de acuerdo sobre las tarifas que permita a ambos ganar mucho.

No sé cómo decirlo, si tu producto o servicio no tiene un enorme potencial de back end... olvídalo a menos que tu respuesta inicial sea enorme.

Los productos de back end siempre deben costar más que la compra inicial que hicieron- a menos que sea el mismo producto que están comprando una y otra vez- como una botella de pastillas.

El truco de este negocio es atraer a tantos clientes como sea posible al costo publicitario más bajo... y luego revenderles múltiples veces:

- el mismo producto;
- versiones actualizadas y más avanzadas del mismo producto;
- Productos relacionados;
- productos de otras personas.

El único producto final malo es aquel que no logra

generar más pedidos de los que costó enviar las cartas de ventas.

CAPÍTULO 8

El autoenvío

La entrega automática es probablemente la técnica de marketing directo más poderosa que he descubierto en mis diez años en este sector. Ha transformado una empresa que habría recaudado 2,4 millones de dólares al mes en ventas en una que recaudaba 7,2 millones sin gastar un dólar más en publicidad. Solo ciertos tipos de producto son adecuados para un acuerdo de entrega automática, pero si tu producto es uno de ellos... sería una locura no implementarlo de inmediato.

Las ventas recurrentes son excelentes. Hemos hablado mucho de ellas en un capítulo anterior. Tus clientes volverán a comprar con una tasa del 5% al 25% aproximadamente, dependiendo del producto y su nivel de satisfacción. Pero la entrega automática asegura que cada cliente vuelva a comprar a menos que llame para cancelar.

La entrega automática hace que el 90% de tus clientes renueven su pedido dentro de los 30 días. El diez por ciento restante o bien aceptará tu garantía de satisfacción o simplemente llamará para decir que no envíen otro pedido. Pero ese 90% que recibe un 2º,

3º, 4º... etc. pedido te enriquecerá muy rápidamente. Cuando hago una promoción de entrega automática, me gusta presentarlo como si el cliente se uniera a un "club"... un club que los distingue de los clientes "normales".

Un miembro del club tiene derecho a un precio más bajo que un cliente común no puede obtener. También es inteligente hacerles saber que no necesitan levantar el teléfono y ordenar cada mes. Si lo presentas como si todos los beneficios fueran para el cliente... de hecho, querrán que los factures cada mes. Claro, desde la perspectiva del cliente... se calificarán para un precio más bajo... y pueden contar automáticamente con la llegada del producto a su buzón - incluso cuando estén demasiado ocupados para llamarte cuando se queden sin producto... pero el verdadero beneficio es para ti - el marketer. Harás que cada dólar en publicidad te rinda 6 dólares en ventas... donde te daría solo 2 dólares sin el club de entrega automática. ¿Hay contras?

Por supuesto. Debes formular correctamente en tus anuncios y cartas de venta. Si no lo formulas correctamente, los clientes no sabrán por qué están recibiendo más productos cada mes y disputarán el cargo con sus compañías de tarjetas de crédito. Además... si formulas mal la política de entrega automática, el cliente verá que solo estás tratando de obtener más ventas forzadas de él y te dirá que no lo inscriban en el club.

Debes mantener un cierto equilibrio al formular el párrafo de entrega automática para que funcione. Afortunadamente para ti, te daré el párrafo exacto y también te daré permiso para usarlo palabra por palabra en tu publicidad. Lo considero un párrafo de 60 millones de dólares.

Aquí está: "Si eres uno de los primeros 200 en ordenar, recibirás la INSCRIPCIÓN GRATUITA a nuestro Club Forever Trim donde tendrás derecho a recibir un descuento de 20 dólares en todas tus futuras botellas de (nombre del producto). Y así no pasarás un día sin (nombre del producto) en tu sistema combatiendo la grasa. Recibirás automáticamente una botella fresca cada 30 días y tu tarjeta de crédito será cargada al Precio para Miembros del Club de 39,95 dólares más 6,95 dólares de S/H - no la tarifa de 59,95 dólares que los no miembros deben pagar. No hay cantidades mínimas de botellas a comprar y puedes cancelar en cualquier momento. El número a llamar es 1-800-123-4567, y puedes llamar 24 horas al día, 7 días a la semana."

Como puedes ver... este párrafo casi hace parecer como si la voluntad del cliente de obtener resultados se viera obstaculizada si no tiene el producto en su sistema todos los días. Implica un tipo de miedo a que, si no tienen el producto... están perdiendo lo que han ganado.

Quieren dejarte la logística de entrega para asegurarse de tener siempre suficiente producto disponible para mantener los resultados actuales y seguir mejorando. Este simple párrafo ha transformado un negocio ordinario y lo ha lanzado hacia el estatus de empresa de 9 cifras. Úsalo como desees. Algunos clientes se han quejado de que su tarjeta de crédito fue cargada automáticamente. Para aquellos que lo hacían, ofrecía un paquete especial de 4 productos que estaban comprando a un gran precio.

La mayoría de aquellos que no querían la entrega automática aceptaban el paquete especial de 4... así que al menos ganaba más de los 60 dólares vendidos por una sola botella. Es curioso, pero vendíamos a 40,000 personas nuevas al mes.

La botella inicial se vendía a 60 dólares. Pero tal vez solo el 5% de los clientes terminaba la llamada con una venta de solo 60 dólares.

Lo que me gustaba del club de entrega automática era que no necesitaba inventar ventas desde cero cada mes.

Lo que quiero decir es esto. Estaba vendiendo 160,000 botellas de pastillas cada mes. Dado que mis clientes permanecían en el club de entrega automática por un promedio de 4 meses... tenía 40,000 personas cancelando sus pedidos cada mes.

Para mantener el nivel de 160,000... no necesitaba esforzarme por obtener 160,000 nuevas ventas... solo necesitaba traer a los 40,000 que se habían perdido para mantener el mismo tamaño.

NOTA

Aunque todavía no hemos hablado de garantías de devolución de dinero... te aconsejaría esto: si estás reenviando un producto cada 30 días, haría mi garantía por 30 días.

De esta manera, no te encuentras con un cliente que

busca dos créditos al mismo tiempo... uno por su primer envío y uno por el segundo. Intenta mantener el período de garantía hasta la longitud de la 2ª entrega.

CAPÍTULO 9

Lifetime Customer Value

En marketing directo, es imperativo conocer el valor de tus clientes (LCV, por sus siglas en inglés).

Obviamente, no serás capaz de "conocer" el valor de por vida de tu cliente simplemente adivinándolo. Solo puedes calcular este número después de algunos meses... o incluso un año de enviar ofertas adicionales a tus clientes.

Es importante conocer tu LCV para establecer cuánto puedes gastar para atraer un nuevo cliente. Por atraer, me refiero a cuánto puedes gastar en publicidad por cada nuevo cliente.

Tomemos mi LCV de 180 dólares. Sabía que podía gastar hasta 180 dólares para atraer un nuevo cliente sin perder dinero.

Por lo tanto, estaba muy satisfecho cuando lograba atraer 40,000 nuevos clientes al mes gastando 1.2 millones de dólares en publicidad cada 30 días.

Si tomas 1,200,000 dólares y lo divides por los 40,000 clientes que logré atraer, obtienes 30 dólares. Ese es el costo que, en promedio, me costó adquirir un nuevo cliente que sabía que gastaría 180 dólares en los próximos 4 o 5 meses.

Calculé mi LCV volviendo a un panel de clientes que prácticamente no compraban más. Tomó alrededor de seis meses obtener una buena medida. Regresé seis meses atrás y medí cuánto estos clientes habían comprado, y luego dividí el monto bruto por el número de clientes que había medido. Ese era mi LCV medio.

Así que, tenía información bastante buena sobre el LCV cuando rastreaba los pedidos que recibía de una publicidad en particular. Si me costaba 45 dólares atraer nuevos clientes... estaría feliz, porque sabía que obtendría 180 dólares en CTO.

A medida que las publicidades y las cartas de venta comenzaban a disminuir en respuesta, sabía que podía continuar publicitando hasta que el costo para atraer un nuevo cliente alcanzara los 90 dólares o por ahí. Recuerda, mi primera venta era de 60 dólares... así que para el típico empresario, parecería como si estuviera perdiendo dinero. Y lo estaba... en la primera venta. Pero sabía que tenía 180 dólares llegando de cada cliente en promedio en los meses venideros.

El LCV es una medida de las ventas brutas que harás sobre: la venta inicial... las ventas upsell... las ofertas adicionales... los envíos automáticos cada centavo que tu cliente gastará contigo durante un periodo de seis meses, un año... o incluso dos años.

Ahora, empresas como HBO pueden gastar varios miles de dólares para atraer un nuevo suscriptor, sabiendo por su investigación pasada que ganarán varios miles de dólares en cuotas mensuales en los años venideros. Ellos podrían estar bien con recuperar sus costos de adquisición 12... 24... quizás incluso 36 meses después.

Pero yo no te recomendaría extender el periodo más allá de tres meses o por ahí para recuperar tus gastos publicitarios. Solo las empresas financieramente sólidas pueden permitirse esperar periodos prolongados para recuperar su dinero y hacer beneficio.

A veces, para volverte grande... debes perder un poco de dinero en las ventas iniciales. Claro, podrías ser capaz de obtener algunas listas de correo más pequeñas y publicidad en revistas que rinden de inmediato... pero la cantidad de clientes que traen puede ser pequeña. Para obtener miles de clientes cada mes... podrías tener que enviar a listas y hacer publicidad que no son las más rentables de inmediato.

Como dije antes... hacer beneficios iniciales depende de tu producto/servicio, seleccionar los grupos correctos de personas a las que hacer publicidad... y, por supuesto, tu habilidad para persuadirlos con técnicas de marketing directo como las que estoy enseñando.

Cuanto más deseado sea el producto... más serás capaz de obtener beneficio inicialmente. Los productos menos deseables costarán un poco o mucho más en publicidad para lograr atraer clientes.

Cuando vendía mis suplementos alimenticios,

después de seis meses de ventas, volví a las personas que habían comprado en el primer mes y medí cuántos de ellos seguían siendo clientes en autoenvío... cuántos habían cancelado... y cuándo. Sumé todo el dinero que había ganado de todos ellos y lo dividí por el número de clientes que tuve ese primer mes.

A los seis meses... descubrí a partir de los datos de los clientes que desde el primer mes de ventas, obtuve en promedio cuatro botellas vendidas, que eran cuatro meses. Tres botellas a $40 y la inicial a $60 igualaban $180. Este era mi LCV.

CAPÍTULO 10

El "2-step"

El enfoque de 2 pasos es una manera de encontrar clientes objetivos para tus productos:

1. Cuando no puedes permitirte colocar grandes anuncios en revistas.

2. Cuando necesitas mucho espacio para tu discurso de venta y sería antieconómico hacerlo en todas esas páginas en una revista.

3. Cuando quieres operar en silencio... bajo el radar de los competidores y de cualquiera de quien quieras esconder tu oferta.

4. Cuando no existe una lista de envío y/o una revista lo suficientemente específica para tu producto.

5. Cuando tu producto es muy costoso, usualmente más de 400 dólares, y sería difícil vender a las personas de un solo golpe.

6. Cuando estás comenzando y quieres hacer el éxito lo más fácil posible.

Un 2 pasos es un anuncio que colocas en una revista o un spot de TV o radio que ofrece a los potenciales clientes una solución a un deseo que tienen en un informe gratuito, video, casete, DVD, etc., que pueden solicitar llamando a un mensaje grabado en un número 800.

También puede ser un spot de TV o radio... o un anuncio impreso que dirige a las personas al sitio web para más información.

Digamos que estás vendiendo un producto que explica a las personas cómo comprar bienes inmuebles en ventas por deudas fiscales del gobierno. Mientras definitivamente puedes colocar anuncios de página completa para un curso como este en casi cualquier revista masculina... y enviarlo a muchas listas de correo de buscadores de oportunidades de negocio... digamos que quieres hacer el anuncio en 2 pasos.

Entonces, colocarás un pequeño anuncio en una revista, usualmente una página 1/12... 1/16... 1/4... o un anuncio de 1/3 de página. El título intentará atraer a cualquiera que busque hacer dinero.

El título podría decir algo como... "¡El Informe Gratuito Revela Cómo Compré Esta Casa de 60.000 Dólares Por Solo 345,28 Dólares Libre y Sin Deudas!"

Ahora, debajo del título, puedes tener una foto de la casa y un párrafo que pique la curiosidad del lector. NO revelará cómo o dónde fuiste capaz de comprar la casa tan barata.

Después de picarles la curiosidad con el párrafo dirás algo como, "Para solicitar su informe gratuito simplemente llamen a este mensaje grabado y díganos dónde enviarlo. Pueden llamar las 24 horas del día, 7 días a la semana. No hay ninguna obligación."

Ahora, a todos les gustan las cosas gratuitas... y dado que no tienen que enfrentarse a ningún vendedor insistente cuando llaman... obtendrás miles de personas solicitando este informe gratuito... que es esencialmente...

¡TU CARTA DE VENTA!

Obviamente, el informe no será todo un discurso de venta... educarás un poco sobre el proceso de los Títulos Fiscales... pero el punto principal del informe será... aquí está esta fabulosa oportunidad de la cual quizás no estaban al tanto... aquí está la prueba de que es realmente verdadera... soy un experto... y soy la mejor persona para enseñarles... así que aquí está cómo puedo ayudarles a ganar mucho dinero.

Esta carta de venta/informe gratuito puede ser un pedazo de formato más grande... porque no se enviará a las masas. Las personas que han respondido a tu anuncio se auto-califican como prospectos principales.

El 2-Step Funciona Mejor en Impresos, TV y Radio

Si vas a hacer un 2-step... no uses esta técnica en el correo directo. No vayas a pescar prospectos en listas de correo. Es mejor pescar en un estanque grande... como una revista o un periódico de gran circulación... en TV... en la Radio... etc.

Probablemente estás comenzando en este negocio...

así que te aconsejaría que te ciñas al anuncio en periódico o revista. El propósito entero del 2-step es solicitar a un gran grupo de personas y pescar eficientemente a los prospectos interesados.

Utiliza Solo Un Dispositivo de Respuesta Telefónica

No haría que tus prospectos llenen un cupón... o visiten un sitio web... en combinación con una llamada. Las pruebas han demostrado que puedes obtener un 300% más de personas solicitando tu informe gratuito o kit de información gratuita al ofrecer solo la opción de llamada telefónica. Y cuando hagas esto... asegúrate de usar las palabras, "MENSAJE GRABADO GRATUITO". Los prospectos no quieren ser molestados por un vendedor en este momento. Asegúrate de enfatizar que no tendrán que hablar con nadie o dañarás tu respuesta.

El Precio Debe Ser Al Menos de $60

No pierdas tiempo con los anuncios de 2 pasos si tu producto se vende por menos de $60. Recuerda, todos estamos trabajando en una escala matemática. Si tu precio de venta no es lo suficientemente alto... no podrás cubrir el costo de ejecutar el anuncio de 2 pasos en primer lugar... y luego enviar todas las cartas de venta. La mayoría de los productos de 2 pasos cuestan alrededor de $300 o por ahí. Pero no dejes que eso te detenga si tienes un producto de $60. Aquí hay un ejemplo de una oferta de 2 pasos de $60.

Estaba hojeando un periódico para hombres el otro día y vi un anuncio que ofrecía una "Guía de Píldoras Sexuales" gratuita que listaba todas las mejores píldoras tipo Viagra a base de hierbas en el mercado actualmente.

El producto que estaban regalando no decía nada sobre el hecho de que esta compañía vendiera en realidad una píldora de su producción. Solo decía que publicaban una guía gratuita para ayudarte a elegir el mejor producto ya que los habían probado todos.

Sin embargo, llamé y conseguí la guía, ya que quería ver la mecánica de esta oferta. ¿Por qué publicitar una guía gratuita? ¿Dónde ganan?

Entonces, llamé a un mensaje grabado y dejé mi nombre y dirección con un falso apellido, así puedo rastrear todo lo que recibo de esta compañía en el futuro... ya que estoy seguro de que me inundarán de correo.

Una guía llegó unos días después. Tenía una docena de productos en su interior, y obviamente el producto #1 en su guía también tenía un anuncio propio en su sobre. Obviamente, esta compañía ha producido un suplemento, luego inventaron esta guía, que básicamente estaba escrita para vender su botella de píldoras de $60... y te persuadían para comprar el producto clasificado #1... que no decía en ningún lado que era producido por ellos... pero cualquier marketer directo experto lo sabría.

Esta es una buena idea... no la más ética, pero es

buena. Estoy seguro de que funciona para algunos productos. El secreto del éxito está en adquirir suficientes leads para justificar el costo de la publicidad.

Necesitas Atraer Suficientes Leads

El mayor desafío con los anuncios de 2 pasos es que necesitas atraer suficientes leads para justificar el costo del anuncio. Digamos que colocas un anuncio por $1000: cuántos más prospectos obtienes para solicitar la información gratuita... más bajo es el costo por lead.

El secreto es atraer suficientes leads para reducir el costo por lead... pero no puedes ser demasiado vago en tu anuncio, ya que atraerás leads poco calificados. Y no puedes exagerar demasiado las afirmaciones de otro modo tendrás demasiado descontento.

Matemáticas del 2-Step

Hagamos los cálculos en un anuncio de 2 pasos que acabo de ver y al cual respondí en Entrepreneur Magazine.

Este tipo publicó un anuncio de media página y probablemente le costó $10,000.

Este anuncio de media página recibió 5000 respuestas. Entonces, pagó $2 por lead.

Luego envió una carta de venta/informe gratuito, que le costó $1 imprimir y enviar. Ahora, ha invertido $3 en cada prospecto. Ha invertido $15,000 en el anuncio y en las cartas de venta/informes gratuitos.

Su producto se vende por $500. Él se queda con todos los $500 ya que es un producto informativo.

Necesita vender productos por $15,000 para romper incluso. De los 5000 prospectos interesados - solo se necesitan 30 personas que compren para recuperar el costo total. Me gustan estos números.

Digamos que logra convencer a 250 personas para comprar. Eso es el 5%. Espera recaudar $125,000. ¡Eso es 8.3 veces su apuesta inicial de $15,000! Incluso si hubiera convencido solo a 90 personas de 5000... todavía habría triplicado su dinero con una recaudación de $45,000!

Luego puede intentar publicar este anuncio en muchas otras revistas... siempre y cuando siga atrayendo leads a un precio similar... y estos anuncios pueden ser publicados cada mes. Se volverá muy rico muy rápido con números así.

¿Cuál es la tarea principal para ti para replicar una oferta como esta? Necesitas atraer prospectos a $2 en promedio y necesitas vender al 5% de ellos a $500. Vender al 5% no es el mayor problema... pero la parte más difícil es conseguir que 5000 personas soliciten la información gratuita y pagar $5000 por el anuncio.

Destruye a tus competidores con un Enfoque de Dos Pasos

Mi amigo Gary Halbert dice que si publicas un anuncio de página completa en una revista y obtienes 1000 pedidos... el mismo anuncio de página completa que ofrece un informe gratuito... o una guía gratuita para el tipo de producto que estás ofreciendo... te traerá 10,000 solicitudes de información gratuita. Suena realista.

Luego continúa diciendo que de esas 10,000, lograrás que el 30% compre de ti. Entonces, efectivamente, terminarás teniendo un 300% más de pedidos en comparación con si simplemente hubieras publicado el anuncio de una página y vendido directamente desde allí.

Este enfoque es excelente cuando hay muchísimos anunciantes que venden lo mismo en una revista. Digamos que fue una pastilla adelgazante. En lugar de ser un anuncio más, vender otra pastilla para adelgazar... podrías ofrecer una guía gratuita sobre pastillas para adelgazar. La gente llamaba a tu número y dejaba su nombre y dirección en el contestador automático. Luego les enviarías tu carta de guía/venta gratuita... y luego venderías al cliente... y tus competidores no saben nada al respecto.

CAPÍTULO 11

Una oferta irresistible

Antes incluso de considerar escribir una sola palabra del texto publicitario, primero debemos decidir cuál es la mejor oferta para promover.

Una oferta es el trato que propondrás a tus potenciales clientes en un intento de hacerles separarse de su dinero ganado arduamente.

Cuanto mejor sea la oferta... más tentador será tu discurso de ventas.

Tu oferta también debe ser simple y fácil de entender. Si tu potencial cliente no entiende lo que estás tratando de ofrecerle... lo has perdido para siempre.

Aquí hay algunos ejemplos de ofertas que he utilizado en el pasado con gran éxito.

Regalo Gratuito con la Compra

Esta es la más obvia. Ofreces a tu cliente un regalo gratuito... o un bonus gratuito cuando realiza una compra. Los productos informativos son excelentes para este tipo de bonus. Cuestan casi nada producir... y pueden tener un valor percibido desde 30 dólares...

hasta 200 dólares o más. La mayoría de las veces, puedes cubrir el bonus gratuito en la tarifa de envío y manejo que cobras por tu producto.

He notado un montón de publicidad últimamente donde el comerciante vende un conjunto de cuchillos o cualquier otra cosa... y duplican tu pedido gratuitamente... solo tienes que pagar el envío para el 2º conjunto de cuchillos. ¡Qué oferta!

Pero en realidad, la tarifa de envío que pagarás por el segundo conjunto de cuchillos no es más que el costo para producir/comprar los cuchillos más el costo para enviarlos a ti.

Siéntete libre de regalar un bonus y pedir al cliente que pague una tarifa de envío y manejo.

Puedes ofrecer un regalo gratuito que el cliente debe solicitar también después de recibir el pedido inicial. Por ejemplo, si compras un kit para el pulido del auto, algunas empresas incluirán un cupón que el cliente debe enviar para recibir el pulimento para neumáticos. No todos solicitarán la botella gratuita, pero aún puedes ofrecerla a todos.

Prueba Doméstica de 30 Días por $9.95

Así es como funciona: Usamos como excelente ejemplo el Curso de Bienes Raíces de Carlton Sheets que todos hemos visto durante más de 10 años en la TV. Hoy en día, no están vendiendo el curso como solían hacerlo al principio... están ofreciendo una prueba doméstica de 30 días por $9.95 más una tarifa de envío y manejo. El anuncio no dice nada sobre cuánto cuesta realmente el producto.

Para que esto funcione, debes tomar órdenes solo con tarjetas de crédito. Un cliente llama y ordena la prueba. Paga la tarifa de prueba de $9.95 y la tarifa de envío y manejo. Carlton te ofrecerá una actualización para un envío rápido, en el cual, obviamente, hay una ganancia para él. Solo después de que hayan obtenido tu número de tarjeta de crédito... solo después de que tengan tu dirección de envío... solo unos segundos antes de que digas "adiós"... comienza un guion que va más o menos así:

"OK, por la prueba doméstica de 30 días tu tarjeta de crédito será cargada solo $9.95 más $x por el envío y la gestión. Previsualiza el curso por 30 días y si no es todo lo que esperabas que fuera, devuélvelo dentro del período de prueba y no tendrás que pagar nada más. De lo contrario, si decides quedarte con el curso y ganar dinero con bienes raíces, tu tarjeta de crédito será cargada en cuatro fáciles cuotas mensuales de $59.95. Tu envío sale hoy y lo recibirás en aproximadamente 10 días. ¡Gracias por llamar!"

Será 10 veces más fácil obtener un cliente para una prueba de 30 días por menos de diez dólares. Esta tarifa puede ser reembolsable o no, depende de ti decidir. También puedes cubrir el costo de envío y manejo para tus clientes... o no.

En ambos casos, obtendrás 5 veces más personas ordenando la prueba... y aunque tengas el 50% de las personas devolviendo el envío, aún estarás mirando a vender 2.5 veces más producto de lo que habrías vendido directamente desde el anuncio o publicidad.

Dudo seriamente que el 50% devuelva el curso... quizás obtengas un 20% que lo devuelva... pero incluso si obtienes un 20%... ¿a quién le importa? La tarifa de $9.95 no es reembolsable... al igual que el gasto de envío. No has perdido nada. Revende el curso a alguien más.

Hay un gurú del fitness que promociona un equipo de ejercicio para una prueba doméstica de 30 días por $14.95 y $34.95 de envío y manejo... pero ellos asumen el costo de envío. Entonces, por solo $14.95, puedes probar esta máquina de ejercicios por un mes entero.

Ahora, ¿realmente crees que la gente desmontará el equipo y lo pondrá de vuelta en la gran caja para devolverlo al comercializador por $30-50 de gastos de UPS? No muchos lo harán. Este comercializador aumentará las ventas de personas escépticas que solo después de la prueba se dan cuenta de que ha vendido un buen producto, por lo tanto, es una ventaja para ambos. Y, el comercializador también ganará de las personas perezosas que podrían haber devuelto el producto pero son demasiado perezosas para hacerlo... por lo tanto, sus tarjetas de crédito serán cargadas en 5 plazos de $60.

¡No Cobraremos Tu Cheque por 30 Días!

Este es un excelente ejemplo de inversión de riesgo. Ofreces a tus clientes que no cobrarás sus cheques o cargarás sus tarjetas de crédito por 30 o 60 días. Debes ser fuerte para hacer esto. No recibirás dinero de inmediato durante un mes o más si tomas este camino. Peor aún es que debes tener un producto que te cueste casi nada producir.

Se dice que esta técnica agrega el 300% a la fuerza de atracción de un anuncio o de una carta de ventas. Podría valer la pena hacer una prueba.

Ofrece Plazos

Como la oferta de prueba, esta oferta debe usarse solo con clientes con tarjeta de crédito. Si estás vendiendo un artículo de alto valor... podría tener sentido ofrecer a tu cliente un plan de pago a plazos. Lo ves por todas partes en la TV hoy en día... "¡SOLO 5 PAGOS DE SOLO $19.95!"

Dividir la tarifa es una manera infalible de obtener más ventas. ¿Cuántas casas se venderían si no existieran las hipotecas? No muchas, ¿verdad? ¿Lo mismo se aplica a los autos nuevos? Sin financiamiento... un concesionario tendría dificultades para vender un auto de gama alta. Aquí es lo mismo. Si estás vendiendo un artículo por $180 quizás puedas hacer 3 pagos fáciles de $59.95... y mejor aún quizás puedas hacer una oferta combinada... $9.95 por una prueba doméstica de 30 días más envío... y luego puedes hacer 3 pagos de $59.95 en lugar de cargar los $180 completos en la oferta de prueba.

Pago Contra Entrega (COD)

No se usa mucho hoy en día. Yo nunca lo he usado. Realmente no hay razón para usarlo. Hay una tarifa extra. Muchas personas rechazan el envío y tú pierdes los costos de envío y todo el tiempo perdido. Pero si quieres hacerlo, asegúrate de enviar a tu cliente una postal unos días antes de que deba recibir el paquete y dile que has incluido otro bono especial gratuito en su orden. Esto ayudará a asegurar que el cliente realmente acepte el C.O.D. cuando llegue. Sin embargo, creo que el Pago Contra Entrega es más un problema que otra cosa. Si tu cliente no tiene una tarjeta de crédito... o al menos una tarjeta de débito - que casi cualquiera puede obtener... tal vez no quieras que sea tu cliente.

Factúrame Después

Esta es una especialidad para los editores de revistas por una razón... si tuvieran que hacer que las personas paguen por adelantado... solo obtendrían el 50% de las respuestas... probablemente menos. Facturar después es arriesgado. Realmente no conoces a las personas a las que estás enviando tus productos. Nightingale Connant basa toda su operación en una promoción de "factúrame después". Es así como atraen a nuevos clientes en las grandes cantidades que lo hacen.

Debes tener un sistema de facturación establecido para enviar las facturas. Puedes incluir una factura en el envío indicando cuándo se debe el pago.

Si estás vendiendo una suscripción que puedes interrumpir cuando no pagan... es definitivamente mejor que si tu producto fuera una "pieza única" y ya lo tuvieran todo en su posesión.

Piénsalo bien antes de hacer esta oferta. Aunque estoy seguro de que obtendrás más órdenes, todo se reduce a esto... Registra cuántas órdenes obtienes cuando pides el dinero por adelantado. Luego ofrece la opción "factúrame después" y registra cuántas órdenes obtienes... luego registra cuántos han pagado dentro de los 30 días o cuando se debía el pago.

Si los beneficios fueran significativamente mayores con "factúrame después"... incluso después de restar todos los productos perdidos (tu costo fijo - no el precio de venta) y todo el tiempo extra para facturar a las personas - sigue adelante.

Primera Botella Gratuita o Primer Video Gratuito

Si estás haciendo un producto de envío automático como un video mensual... o un suministro mensual de pastillas... puedes regalar la primera botella o el primer video... y pedir solo al cliente que pague la tarifa de envío y manejo (S/H) de $4.95 o $6.95 con su tarjeta de crédito.

Esto solo puedes hacerlo con un cliente con tarjeta de crédito. El secreto está en el club de entrega automática. Si el cliente no está satisfecho con el producto, debe llamar dentro de los 30 días para cancelar futuros envíos.

Obviamente, también hay problemas con este tipo de oferta. Si estás vendiendo un producto como una botella de pastillas, donde el producto será siempre el mismo... debes asegurarte de no tener estafadores que llamen y ordenen una botella gratuita a una dirección y luego a otra y otra más... solo para cancelar todos los envíos la semana siguiente después de obtener 4 o 5 botellas de ti.

Ahora, mi experiencia me dice que no te preocupes por personas así porque has obtenido la tarifa de envío y manejo de la persona y esto ha cubierto el producto real y los costos de envío por lo que no hay realmente dinero "perdido"... pero el problema más grande viene el mes siguiente cuando esta persona te llama irritada si no ha cancelado las diversas entregas automáticas a tiempo y tienen 5 cargos en su tarjeta de crédito de alrededor de $40 cada uno.

Las compañías de tarjetas de crédito podrían comenzar a pensar que estás haciendo algo sospechoso y darte problemas. Asegúrate de decir en tu anuncio, "LIMITADO A UNA BOTELLA POR CLIENTE Y POR HOGAR".

No tendrás que preocuparte demasiado por esto si tu producto mensual es diferente... realmente no hay ningún beneficio en estafar copias adicionales del mismo video.

Vende Solo Un Producto a la Vez

Veo payasos que venden 2 o 3 o 4 productos diferentes en un solo anuncio o carta de ventas.

Tontos.

Los marketers a veces piensan que pueden justificar el alto costo de enviar cartas de ventas... o de la publicidad si ofrecen muchos, muchos productos. Realmente piensan que tienen más posibilidades de éxito de esta manera - pero no es así.

Graba estas palabras en tu cerebro - cuando se trata de crear una carta de ventas singular o un anuncio singular... VENDE SOLO UN PRODUCTO A LA VEZ.

Joe Sugarman - el maestro detrás de los anteojos BluBlocker también cuenta una historia similar a esta. Antes de BluBlocker, tenía JS&A (el Sharper Image de los años 70). Vendía relojes Navy Seals. El proveedor de estos relojes quería que vendiera todas las diferentes versiones de colores de este reloj... y las medidas para mujeres. Joe quería vender solo la versión negra para hombres. El fabricante de relojes estaba perplejo sobre por qué quería hacer eso. Joe sabía algo que ellos no.

Realmente querían que vendiera todos los relojes al mismo tiempo. Joe propuso hacer una prueba dividida, donde un anuncio tendría solo el reloj negro para hombres y otro anuncio tendría todos los colores y medidas para hombres y mujeres. Cuando llegaron los resultados de ventas... optaron por publicar el anuncio con solo la versión negra para hombres del reloj Navy Seals. Ahora, este era un ejemplo extremo... los relojes eran todos iguales. Pero seguro, si estás vendiendo una pastilla para perder peso... no ofrezcas también un Viagra al mismo tiempo!

SOLO PUEDES VENDER UNA COSA A LA VEZ.

Si quieres regalar un producto no relacionado gratuitamente con la compra de tu producto principal... está bien... pero NUNCA intentes vender dos cosas al mismo tiempo.

CAPÍTULO 12

Garantizar todo

Sabes cuándo decide un cliente si devolverá tu producto? Cuando lo está comprando.

En los años 80 y 90, tener una garantía de satisfacción podría darte una ventaja competitiva. Hoy es un requisito... cuanto más "riesgo" puedas quitar de los hombros de tus clientes... mejor.

Si eres avaro y/o estás aterrorizado con la idea de ofrecer a tus clientes una garantía... quizás no estés demasiado convencido de lo que estás vendiendo. Tal vez estés convencido... pero tienes miedo de que un gran porcentaje de personas se aprovechen. Tengo dos palabras para ti: NO TE PREOCUPES.

Así es como funcionan las garantías en términos de respuesta. Si no ofrecieras una garantía, podrías vender a 10 personas de cada 1000. Cuando ofreces una garantía, podrías mirar a 20 pedidos... y de esos 20, dos o tres pedirán su dinero de vuelta. Incluso devolviendo el dinero a dos o tres personas... todavía estás mirando a 7 u 8 pedidos más. Todavía estarías por delante.

En este capítulo, cubriremos las garantías más populares que he ofrecido en el pasado.

Garantía de Devolución de Dinero Incondicional de 30 Días

Esta es la garantía estándar que tus clientes esperan. No ofrecer una garantía hace que tu producto parezca sospechoso... así que, como mínimo, debes ofrecer una garantía estándar de devolución de dinero de 30 días. Siéntete libre de agregar las palabras "Envío a cargo del cliente"... lo que significa que tu cliente puede tener su dinero de vuelta... menos los gastos de envío y manejo. Ahora recuerda, tu producto y todos sus costos de procesamiento de pedido están cubiertos en la tarifa que cobras. Incluso cuando un cliente quiere su dinero de vuelta, puedes retener la tarifa que te costó enviar el producto... crear el producto... tomar la llamada... etc.

Garantía de Devolución de Dinero de 60 Días o 90 Días o Más Larga

Esta también es una garantía incondicional. La gente opera con plazos. ¿Cuándo pagas el alquiler? ¿El pago del coche? ¿Las facturas de la tarjeta de crédito? Si sé algo sobre las personas, diría que pagas las facturas el último día posible. Todos lo hacen. Ahora, cuanto más extiendas el período de tiempo para obtener su dinero de vuelta... más tiempo tomará para que realmente llamen y lo pidan. Con el paso del tiempo... se olvidan. Por lo tanto, cuanto más largo sea el período de tiempo, menos reembolsos tendrás que dar.

Garantías Condicionales

Esta garantía permite al cliente obtener su dinero de vuelta solo si cierta cosa no sucede como afirmó tu producto/servicio. "¡Si mis predicciones deportivas no son precisas al menos al 90% en los próximos 30 días... te devolveré hasta el último centavo del dinero que me pagaste!"

Dobla Tus Reembolsos

Obviamente, este tipo de garantía es condicional; de lo contrario, ¡realmente estarías perdiendo dinero! Entrepreneur Magazine en realidad comenzó con una serie de informes y cursos de estudio en casa sobre cómo iniciar ciertos tipos de negocios. Por lo que he leído, cuando salieron por primera vez, sufrían una gran tasa de reembolsos. Para reducir estos reembolsos incondicionales, decidieron ofrecer EL DOBLE de tu dinero de vuelta... pero era condicional. El comprador de estos kits tenía que mostrar prueba de que había probado realmente las cosas enseñadas en el curso. Las ventas se dispararon... los reembolsos disminuyeron.

¡Quédate con el Bono!

¿Recuerdas que incluiste algunos bonos gratuitos en tu oferta?

Recuerda que esos bonos se pagaron en la tarifa de envío y manejo no reembolsable que cobras a tu cliente. Bueno, puedes ofrecer una garantía incondicional de 30, 60, 120 días o cuantos días desees y permitir que tu cliente se quede con los bonos gratuitos que le diste.

Mi mentor Jay Abraham llama a esto una "garantía mejor-que-sin-riesgo". Y lo es. Piénsalo de esta manera: si diste algunos informes gratuitos, tal vez un video… y una cinta, todos como bonos gratuitos, y tenían un "valor percibido" de 200 dólares o por ahí. Si un cliente quiere su dinero de vuelta por el producto inicial que ordenó, puedes decirle que de todos modos terminará con mercancía valorada en 200 dólares, esté feliz o no. Esto no es solo "sin riesgo"… es MEJOR que sin riesgo.

Reembolsar Envío y Manejo

A veces, puedes aventurarte y ofrecer reembolsar no solo el precio de compra… sino también la tarifa de envío y manejo. Vendí 1.4 millones de botellas de un suplemento e incluí tal garantía. La razón es simple… A veces un cliente no solo quiere su dinero de vuelta de ti, sino que después de dárselo, todavía disputa la tarifa de envío y manejo con Visa o MasterCard. A veces, no quieres nada de un cliente insatisfecho, ni siquiera una tarifa de envío y manejo.

Reembolso Incondicional del 100% Más el 10%

Aquí juegas con los números. Si tu producto se vende a 69,95 dólares... y cobras 6,95 dólares por envío y manejo... puedes reembolsar el monto total y, en lugar de decir que también devuelves el costo de envío, puedes decir: "Recibirás un reembolso del 100% del precio de compra y ¡incluso agregaré un extra del 10% por tu tiempo y molestias!"

Realmente, solo estás reembolsando la tarifa de envío... pero suena mejor de esta manera.

Garantía Fondo del Tarro

Esta se usa en el negocio de los suplementos. Significa usar todo el tarro y, si al final no estás entusiasmado, puedes enviar de vuelta el tarro INCLUSO SI ESTÁ VACÍO... y recibirás un reembolso completo y total de tu precio de compra. Es genial para el cliente porque puede usar todo el suministro y aún así recuperar su dinero... y funciona bien para ti porque los haces usar todo el suministro y les haces conservar el contenedor porque deben enviártelo. Estos son todos obstáculos.

Por supuesto, si un cliente te llama y dice que tiró el contenedor, de todos modos le darás un reembolso... pero te sorprenderá cuántas personas no llamarán solo para evitar el enfrentamiento.

Del mismo modo, si un cliente llama y quiere su dinero de vuelta... y no quiere devolverte el tarro - por el amor de Dios, da el maldito reembolso. Pero, una vez más, te sorprenderá cuántas personas no llamarán.

La Lección Corre por Mi Cuenta

Este es un gran modo de formular una garantía en un producto del cual aprenderán algo, ya sea en un video... una cinta... un libro... etc. Digamos que fuera un video de golf que enseña cómo lanzar la bola más lejos... la garantía podría decir algo así como: "Mira el video, y si las enseñanzas de John no hacen que envíes la pelota de golf como un CAÑÓN... agregando 50 yardas... y golpeando recto como una flecha... con precisión mecánica... la lección de golf corre por mi cuenta. Devuelve el video para un reembolso completo del precio de compra..."

Este es básicamente un modo de enunciar una garantía de una manera más atractiva. No estás comprando un video... estás comprando una lección que casualmente está en un DVD o una cinta VHS o lo que sea. La información se retiene en la cabeza del cliente. Solo estás pidiendo el producto físico (el video) de vuelta... pero el recuerdo de lo que ha aprendido permanece en su cabeza.

¡Enviaremos a UPS a Recogerlo para un Reembolso!

Recuerdo haber visto un anuncio para la cera Malm, el titular decía: "¡Descubre la cera de carnauba líquida que hará que tu auto esté tan brillante que si no piensas que es el brillo más profundo que hayas visto, enviaremos a UPS a recogerlo para un reembolso!" Ese titular me impactó, ¡es poderoso!

Pero cuidado: aquí perderás un poco de dinero. Las llamadas de recogida cuestan. Los gastos de envío para devolver a ti cuestan. Si en tu anuncio o carta de venta, la garantía es por el precio de compra menos el envío, puedes mantener la tarifa de envío inicial. Solo tendrás que pagar por la etiqueta de llamada y el envío de regreso a ti.

Entonces, si tienes un poco de dinero en la tarifa de envío inicial con el que jugar... si es suficiente para cubrir el envío de vuelta... quizás puedas ofrecer esta solución.

Ah, y otra cosa, es mejor que tengas un producto excepcional... de lo contrario, tu almacén estará lleno de cajas de clientes insatisfechos.

Lo que me gusta hacer con la idea de la Etiqueta de Llamada, es simplemente decirle al cliente que puede quedarse con tu producto o dárselo a un amigo que piense que podría estar interesado. De todos modos daremos el crédito. Una botella medio usada de crema o pastillas no vale nada para mí.

Algunas notas sobre las garantías listadas en estas páginas: Algunas de ellas pueden gustarte más o menos. Algunas son más éticas que otras... y todo depende de lo que te haga sentir cómodo. No promuevo ni desanimo el uso de una garantía particular... pero una cosa te digo – ¡debes siempre ofrecer alguna forma de garantía de satisfacción!

CAPÍTULO 13

Los bonos

Recibir un bono gratuito o un regalo al comprar algo siempre es agradable. He tomado productos que apenas lograban cubrir costos, he añadido un premio y he visto un gran incremento en las respuestas.

Los premios deben costarte poco o nada. Ahora, no quiero decir que los premios deban ser sin valor; deben tener alguna forma de valor para que funcionen.

Incluso he aumentado mi precio de venta para compensar un regalo gratuito que quería incluir... y aún así he visto aumentar las respuestas.

Te daré algunos ejemplos de ofertas de regalos gratuitos que he usado en el pasado, pero no siempre funciona. Necesitas probar.

Una vez vendí un kit de cera para autos y regalé una pulidora orbital. Había dos versiones del kit... una de medio litro y una de un litro. Di la pulidora con el kit de un litro.

Logré conseguir las pulidoras por menos de 14 dólares de un fabricante. Para compensar el costo de la pulidora, tuve que aumentar las tarifas de envío y manejo... y la respuesta para los kits de un litro aumentó. Recuerdo que casi todas las compras eran para el kit de mayor tamaño.

Beneficié de dos maneras distintas. Primero, vendí una versión más cara del producto... y en segundo lugar, pude aumentar la respuesta general. Esto es lo que llamo una situación ganar-ganar.

En el negocio de los productos informativos, los premios pueden ser informes adicionales... grabaciones de seminarios o entrevistas con expertos en el campo... etc. Este tipo de premios pueden tener un alto valor percibido y aún así no costarte nada incluir.

Los premios pueden usarse para animar a los clientes a usar tus productos durante un período de tiempo más largo. Recuerdo haber ofrecido un suplemento nutricional en un plan de autoenvío. Les dije a los clientes que les daría un reproductor de DVD gratuito si podían hacer una pequeña encuesta para mí.

Estaba consiguiendo estos reproductores de DVD por alrededor de 40 dólares. Mi envío mensual de píldoras le costaba al cliente 40 dólares. Hice que mis clientes usaran el producto por un promedio de cuatro meses. La encuesta era un estudio de seis meses.

Si el cliente completaba el diario que incluía con su orden, tenía que estar en el producto durante seis meses completos. Ahora, obtuve dos meses adicionales de ventas... uno de los meses de ingresos, tuve que usarlo para comprar el reproductor de DVD - pero aún así obtuve una venta adicional de 40 dólares como beneficio... más el diario de mi cliente - que podía usar de cualquier manera que deseara. El cliente obtenía un reproductor de DVD gratuito - por el uso de un producto que le gustaba. Esta también era una situación ganar-ganar para todas las partes involucradas.

Los premios pueden ser o no ser relevantes para el producto que estás vendiendo. Lo que necesitas hacer es probar la oferta con y sin el premio o con diferentes premios. Si un premio tiene éxito... definitivamente deberías incluirlo.

CAPÍTULO 14

Testimonios

Una de las cuatro principales razones por las que las personas no responden a tus cartas de venta, tus anuncios en revistas o tus spots de televisión y radio... es que no creen lo que estás diciendo. Las testimoniales, cuando se usan correctamente, pueden mitigar parte de su escepticismo.

¿Sabes qué odio? Cuando veo un párrafo de un usuario satisfecho que dice algo como, "¡Amo este producto!" - J.A., NY. Esta testimonial está completamente mal.

Primero, es una declaración vaga que no hace nada por tu discurso de venta... y segundo, el nombre de la persona está indicado solo con iniciales, al igual que su ubicación.

Las testimoniales deben tener un nombre completo y una ciudad y estado completos... y deben ser más detalladas.

Me gusta una testimonial como esta, "Empecé a usar XYZ hace tres meses. Cuando comencé a usar XYZ, mi pecho era apenas una copa A... pero ahora, soy una copa B completa y mi pecho ya no desaparece cuando me pongo una camiseta!" - Mary Brown, Houston, Texas.

Esta es una testimonial esencial. Me gusta añadir aún más datos para demostrar que vienen de una persona real. Aquí hay algunas cosas que puedes añadir para hacerlas más reales y genuinas:

1. Usa un nombre completo. No es difícil de usar en absoluto. Nadie irá a buscar al escritor para señalarlo en la calle.

2. Usa la profesión del escritor. Esto añade más credibilidad a la declaración que hacen. Si una testimonial viene de un Oficial de Policía, un Abogado, un Doctor, etc., hace la declaración aún más poderosa.

3. Usa la edad y el sexo del escritor. De nuevo, añade credibilidad.

4. Usa la fotografía del escritor. Añade credibilidad.

5. Usa fotos antes y después. Esto funciona en casos donde tu producto dará al usuario algún tipo de cambio. Productos para perder peso, productos anti-envejecimiento, productos de culturismo, etc.

Cómo obtener testimoniales de los usuarios

No tienes que sentarte a esperar que los usuarios de tus productos decidan si y cuándo escribirte una bonita carta. Despierta. Lo que me gusta hacer es ofrecer a tus clientes un bono si pueden decirte sus comentarios sinceros sobre tu producto. Unos días después de que reciban su pedido... o directamente en su pedido... incluye una carta diciendo que estás buscando testimoniales para tu próxima campaña.

Diles que si envían su testimonial, recibirán un bono. El bono puede ser cualquier cosa que desees. Luego sigue diciendo que si decides usar su historia en tu anuncio, les darás 500 dólares o lo que sea.

Bill Phillips de EAS hizo algo radical en 1998. EAS era una empresa que producía suplementos para el culturismo. Bill tenía un Lamborghini rojo que daría a la persona que usara sus productos como recomendado y tuviera la mayor transformación usando sus productos.

Hizo una promoción completa de este auto como premio. Primero, consiguió más clientes para probar sus productos. Segundo, consiguió miles de fotos antes y después e historias para usar en futuras publicidades. Tercero, hizo que sus clientes usaran su producto por un período de tiempo más largo.

Haciendo los números, incluso si regaló un auto de 150,000 dólares... consiguió millones más en ventas de las increíbles testimoniales y fotos antes y después.

Para obtener permiso para usar Testimoniales

Incluye un formulario especial para testimoniales. Puede solicitar toda la información que desees recibir. Debería haber campos para edad, profesión, nombre, ciudad, estado, número de teléfono, etc. Asegúrate de incluir un gran cuadro con suficientes líneas para su historia, pero no demasiadas. No quieres que estas personas te escriban un libro.

Al final, solicita una firma que te permita usar su historia en futuras publicidades.

Endorsements de Celebridades

Una vez emití anuncios publicitarios en el programa de radio de Howard Stern todas las mañanas. Teníamos una sexy Pet de Penthouse haciendo la voz en off y los resultados eran muy buenos. Después de emitir el anuncio durante varios meses, la respuesta disminuyó y ya no era rentable transmitirlo. Le dijimos al representante de ventas de la estación de radio que estábamos pensando en retirar los anuncios ya que ya no estaban dando resultados. Howard no quería perder el negocio que estábamos aportando a su red, así que él mismo hizo la voz en off para nuestro anuncio gratuitamente. Recomendó el producto y habló de cómo estaba escuchando de los usuarios lo bien que funcionaba para ellos, etc. Emitimos el nuevo spot de Howard, y descubrimos que funcionaba. Eventualmente retiramos los anuncios... pero pusimos la publicidad en nuestro sitio web y el enlace decía: "¡Escucha lo que Howard Stern dice sobre nuestro producto!"

No confundas los endorsements en tu carta con correos de recomendación u ofertas "Host Parasite" de las que hablamos en un capítulo anterior.

En conclusión: Los endorsements de celebridades no

son curas milagrosas, no duplicarán tu respuesta... pero agregan un poco de credibilidad a tus ofertas. Si puedes obtenerlos, excelente. Añádelos. Pero no pienses que salvarán la promoción de perder dinero.

Las testimoniales, por otro lado, son un estándar para tu oferta y siempre deberías usarlas.

CAPÍTULO 15

Porque la publicidad no vende

Obtener una respuesta rentable de tus cartas de venta y publicidad puede ser complicado... pero si lo analizas bien, solo hay cuatro razones por las cuales tus potenciales clientes no compran de ti. Hablaré de ellas una por una... y revelaré técnicas sobre cómo superarlas.

1. No Notan Tu Mensaje de Venta

Si envías cartas de venta por correo, hay muchas cosas que pueden prevenir que tus potenciales clientes reciban, vean y/o lean tu carta de venta.

Si envías por correo Estándar - lo cual desaconsejo... la Oficina Postal podría tirar tu carta a la basura.

Hace algunos años, en el Bronx, había un edificio abandonado que los trabajadores postales usaban para descargar su correo publicitario. En lugar de entregarlo, simplemente lo tiraban en este edificio. Solo cuando el edificio se incendió, las autoridades descubrieron lo que había estado sucediendo durante años. He dedicado un capítulo entero más adelante en este libro a la Oficina Postal y cómo asegurarte de que tu carta sea entregada.

Si envías por correo Estándar - tu potencial cliente podría haberse mudado y el correo Estándar no se reenvía a su nueva dirección. Las personas se mudan con frecuencia. Cuando envías por Primera Clase -, que recomiendo, el correo se reenviará a la nueva dirección si la persona ha presentado una Orden de Reenvío.

Si tu carta de venta parece CORREO NO DESEADO, tu potencial cliente podría tirarla antes incluso de darle una oportunidad de ser abierta. En capítulos posteriores, mostraré cómo asegurarte de que tus cartas de venta sean abiertas por tus potenciales clientes. Te lo digo de antemano; si envías una carta de venta - o peor, un FOLLETO... aún peor, con una ETIQUETA DE DIRECCIÓN sobre ella... parece basura y es ahí donde terminará.

También podrías tener el encabezado incorrecto en tu carta de venta o publicidad que no logra atraer al lector hacia el cuerpo del texto. Más adelante en este libro, he dedicado un capítulo completo solo a los Encabezados. Si no estás atrayendo a los potenciales clientes correctos para tu oferta... nunca llegarán a leer lo que dices en el cuerpo de tu carta de venta y/o publicidad. Simplemente debes atraer a las personas correctas que comprarán tu producto.

Si estás publicitando en una revista, tu anuncio podría no ser atractivo para leer, así que tu potencial cliente continúa pasando las páginas - ignorando completamente tu anuncio. Si tu anuncio no va "contra corriente" en cómo debería verse un "anuncio", no captará todos los lectores que debería.

2. No Quieren Lo Que Estás Vendiendo

Incluso para las mujeres más bellas de América, hay hombres que no tendrían sexo con ellas. Es imposible que cada persona que reciba tu correo quiera tu producto. Pero en este negocio, hacemos nuestro dinero del 2% que sí lo hace. Si apuntas a la lista incorrecta... o si haces circular tu anuncio en la revista equivocada... o simplemente tienes un producto no tan deseable... tendrás dificultades para obtener suficientes pedidos para cubrir tus costos publicitarios.

Es simple- Debes tener un producto que atraiga a un gran grupo de tus potenciales clientes y debes asegurarte de ponerlo frente a los potenciales clientes correctos - y si estás haciendo un anuncio en revista, o un spot de TV o radio... debes hacerlo al precio correcto. Es imperativo negociar el mejor costo de medios posible cuando haces un anuncio. Si todos los anuncios fueran gratuitos, cada producto sería un éxito.

Siempre habrá alguien que quiera tu producto... el truco está en tener suficientes personas en tu lista de potenciales clientes o en la circulación de la revista para comprar y devolver más en ventas de lo que costó promocionar.

3. No Pueden Permitirse Lo Que Estás Vendiendo

Conozco toneladas de personas que amarían poseer un Ferrari. Apuesto a que, si costara 20,000 dólares nuevo, 9 de cada 10 personas elegirían el Ferrari en lugar de un Honda Civic. La razón por la que las calles no están llenas de estas obras de arte italianas es porque solo los muy ricos pueden permitírselas.

Lo mismo ocurre con otros productos. A veces simplemente cuestan demasiado. Recuerdo cuando estaba comenzando en la respuesta directa; quería asistir a un seminario que costaba 5,500 dólares. No tenía ese dinero... ni tenía ningún tipo de activo que pudiera "hipotecar" para obtener el dinero. Si hubiera una escala del 1 al 10 sobre cuánto deseaba ir a ese seminario... habría calificado mi deseo con un 10. Realmente quería ir... mucho.

Ahora, había dos otras opciones para adquirir el seminario. Primera opción: el seminario ofrecía un plan de pago. Era algo así como 500 dólares al mes por 11 meses. Y la segunda opción era una versión del seminario para estudiar en casa. Era esencialmente una grabación en cinta del seminario anterior al que se ofrecía. Costaba solo 2,200 dólares... y también ofrecían términos de pago de 200 dólares al mes por algunos meses.

Si vendes algo por más de 100 dólares... podría ser sabio probar un plan de pago para atraer más clientes.

Recuerda cuando dije antes en este libro, si no hubiera compañías financieras que otorgaran hipotecas a las personas... ninguna casa se vendería. ¿Cuántas personas tienen suficiente para comprar su casa en efectivo? Tal vez el 1%? Los términos de pago permiten a las personas pagar su casa a lo largo de 30 años o por ahí.

Eres una persona inteligente. Puedes encontrar otras maneras de hacer que tu producto parezca más accesible.

4. No Te Creen

Diría probablemente que esta es una de las razones más importantes, si no LA más importante, por la que tus potenciales clientes no compran lo que vendes. Lo divertido es que, cuando una campaña obtiene una respuesta pobre, usualmente piensas que no has vendido lo suficientemente duro, entonces inflas aún más tus afirmaciones y promesas. Esto es contraproducente. La razón por la que no ordenaron en primer lugar es porque no creyeron tu discurso de venta. Hacer tus afirmaciones aún más exageradas solo aumentará su escepticismo. Podría aumentar un poco la respuesta... de personas crédulas. Pero al costo de un mayor riesgo legal.

Aquí está lo que creo. Hay más personas que comprarían tu producto si hicieras tu discurso más creíble en comparación con las personas que comprarían si tu oferta y/o tus afirmaciones fueran más poderosas y exageradas. Pruébalo en tu próxima carta de venta o anuncio.

He aprendido algo importante sobre la credibilidad y quiero enseñártelo. Justo antes de hacer una afirmación sobre tu producto... revela un defecto. La admisión de un defecto hace que tu afirmación sea más creíble. Funciona así:

"Este es mi primer libro importante. No soy un autor establecido, así que este libro tendrá algunos defectos. Si lees por el estilo, o por la calidad literaria, como dije antes, este podría no ser un libro para ti. Pero hay párrafos en este libro - ideas en este libro - capítulos enteros en este libro que nunca tuve el coraje de poner en papel antes. Y abrirán puertas para ti - quizás ya desde mañana - que de otro modo podrían haber requerido una vida entera para cruzar."

O algo así:

"Nuestro nuevo eliminador de arrugas no es una solución permanente. Los resultados que obtendrás con este producto solo serán temporales. Pero aunque los resultados duren ocho a diez horas, este producto te permitirá ocultar cada línea fina y arruga en tu rostro. Los resultados que este producto proporciona, aunque temporales, son absolutamente increíbles."

O algo así:

"Pero no pienses ni por un segundo que este producto funcionará si no participas en una dieta saludable y en un programa de ejercicio físico. Si te sientas en el sofá y continúas comiendo mal, este producto no hará nada por ti. Pero por otro lado, un estudio clínico reciente ha mostrado que este producto puede quemar 930 calorías extra cada día cuando comes y haces ejercicio correctamente. Casi la mitad de tu ingesta calórica diaria... ¡ELIMINADA!"

Ves cómo la admisión de la verdad... o de un defecto justo antes de hacer una afirmación hace que la afirmación sea más creíble?

Aquí hay otras maneras en las que puedes hacer tu discurso de venta más creíble para tus potenciales clientes:

Aumentar la credibilidad con...

- Una garantía sólida
- Garantía de doble reembolso
- Endorsement de un amigo en común
- Testimonios
- Endorsement de celebridades
- Prueba gratuita
- No cobrar el cheque por 30 días
- No cobrar la tarjeta de crédito por 30 días
- Listar el número de patente
- Usar pagos a plazos
- Usar una dirección real y un número de teléfono
- Contar la historia del desarrollo
- Usar información específica que puede ser verificada
- Declaración autenticada
- Usar resultados de pruebas específicos
- Usar una historia personal
- Usar datos de un artículo de revista
- Una foto antes y después

- Una copia de una licencia
- Fotografías de otros usuarios
- Gloria reflejada/éxitos pasados
- Número de usuarios satisfechos
- Cantidad de producto vendido
- Empatía
- Escribir en primera persona
- Adjuntar un artículo de revista favorable
- Garantía mejor que "sin riesgo"
- Número de años en el negocio
- Información del currículum (DDS, ESQ, PhD)
- Como visto en...
- Explicar cómo demostrar la eficacia
- Membresía en la BBB u otra sociedad
- Una muestra de producto
- Te facturaremos más tarde por el producto
- Dirección de correo electrónico personal para preguntas
- Prueba doméstica
- Admisión de defectos
- Foto de la persona que escribe la carta
- Nunca usar humor

Tu éxito depende de tu capacidad para persuadir a los extraños para que vean las cosas desde tu punto de vista. Domina y supera las cuatro razones por las que los clientes potenciales no compran. Trata de hacer que tu oferta fluya y no se atasque en ninguna de las cuatro razones.

Nota

Desde que escribí este libro, he descubierto otra razón por la cual alguien podría no responder a tu oferta. Puedes cubrir las 4 razones principales por las que no compran... pero aún así pueden no responder incluso si quieren tu producto. Puede que no lo deseen lo suficiente como para intercambiar la cantidad en dólares que estás pidiendo. Claro, pueden tener todo el dinero del mundo... pero solo porque tienen suficiente dinero no significa que pagarán cualquier cosa que pidas. Por ejemplo... tenía varios millones de dólares en el banco, y quería este nuevo Lamborghini. Lo único era que no quería pagar los 50.000 dólares adicionales sobre el precio de lista que el concesionario pedía porque era un auto muy demandado.

Claro... tu potencial cliente podría querer tu nueva pastilla para adelgazar... pero si pides 100 dólares por botella... algunas personas podrían no desearla LO SUFICIENTE COMO PARA INTERCAMBIAR su dinero por ella. Incluso podrías venderla a 30 dólares y aún así habría personas que no querrían intercambiar los 30 dólares en el banco por esas pastillas. AQUÍ ES DONDE LAS EXCELENTES HABILIDADES DE COPYWRITING ENTRAN EN

JUEGO. Debes hacer un buen trabajo convenciéndolos de que el precio que estás pidiendo es solo una fracción de lo que él o ella ganará en RESULTADOS usando tu producto. Asegúrate de leer el próximo capítulo.

CAPÍTULO 16

¿Copywriter o hacerlo usted mismo?

A este punto, deberías tener una idea del producto o servicio que deseas producir y comercializar. Deberías tener un completo entendimiento de la matemática detrás de los productos de respuesta directa.

Ahora, tienes suficientes datos para empezar a crear realmente una carta de ventas o un anuncio de revista para tu producto. Puedes crear tu propio material de ventas o puedes contratar a un Copywriter Profesional para hacer el trabajo por ti.

Si tuvieras unos miles de dólares extra para gastar incluso en un copywriter de nivel inicial, te lo recomendaría.

Pero, por otro lado, si solo tienes suficiente dinero para realizar una prueba de envío de 2,500 piezas... o si simplemente eres el tipo de persona que quiere hacer todo por sí mismo... necesitas estudiar los próximos cinco capítulos que tratan sobre la creación de la carta de ventas o el anuncio de revista.

Si quieres ir por el camino más seguro y contratar a un copywriter para hacer el trabajo por ti... puedes gastar desde 500 dólares... hasta 15,000 dólares y más por copywriters de primera línea como yo.

Si vinieras a mí y me pidieras que creara tu material de ventas... si nuestros horarios no entran en conflicto... estás mirando a 15,000 dólares más un porcentaje sobre las ventas brutas si la carta o el anuncio se lanza.

¿Demasiado dinero? Para algunos sí, para otros no.

El costo que gastas en publicidad, ya sea en revistas o por correo, cuesta lo mismo independientemente de si tu "discurso" atrae 100 órdenes... o 1,000 órdenes. ¿Por qué no hacer que tus dólares publicitarios trabajen lo más posible para ti?

Creo que el 80% de los copywriters puede producir publicidad "buena", el 15% puede crear publicidad "excelente"... y el 5% puede producir publicidad absolutamente "FENOMENAL".

¿Quieres saber si eres tan bueno como el 80% que puede crear publicidad "buena"? Lee los próximos cinco capítulos... estúdialos... luego escribe tu propio pedazo de correo o anuncio. ¿Tienes suficiente confianza como para imprimirlo y adjuntar un sello de 37 centavos? Si es así, adelante.

Si no, este capítulo es para ti.

Escribir un gran texto viene con la experiencia. Incluso si tienes un poco de dinero para invertir, un copywriter económico todavía puede producir un texto "bueno"... de lo contrario, estaría trabajando en McDonald's.

Aquí está lo que deberías hacer si estás buscando un copywriter.

Busca en internet... haz una búsqueda en Google por copywriters... pero asegúrate de que sean copywriters DE RESPUESTA DIRECTA - aquellos que realmente tienen muestras de otras cartas de ventas y anuncios de revistas que pueden enviarte para revisar y juzgar sus habilidades.

Asegúrate de preguntar al copywriter si ha tenido experiencia escribiendo para productos similares a los tuyos. Si es así, asegúrate de obtener muestras. Si te gusta lo que ves, habla de precios con ellos.

Después de leer los próximos capítulos, incluso si decides no escribir tu primera carta de ventas o anuncio, al menos puedes tener suficientes habilidades para "reconocer" una copia publicitaria buena, excelente o terrible.

CAPÍTULO 17

El correo

Antes incluso de pensar en escribir una palabra, debemos tener una idea aproximada de las características de tu carta.

Calidad del Papel

No te dejes engañar pensando que necesitas usar papel de alta calidad. Solo necesitas el simple y viejo papel blanco estándar de 20 libras. Papel más pesado... o papel brillante solo añade al costo de impresión y al costo de envío, ya que es más pesado. Mantente con lo estándar.

Uso de Color y Fotografías

¿Quieres saber algo? Mis cartas de venta más exitosas han sido a un color (solo tinta negra), y usualmente no tenían fotografías. Volverse demasiado elaborado puede realmente dañar la respuesta. Mantén las cosas simples.

Dirección

Cuando se trata de dirigir tu sobre con la dirección y

el nombre del cliente… no uses una etiqueta postal. El truco aquí es no hacerlo parecer como correo no deseado. Quieres imprimir las direcciones directamente en tu sobre.

Estampilla

Lo que debes hacer es aplicar una verdadera Estampilla de Primera Clase. No debe parecer correo no deseado.

Menos No Es Mejor

Pensar que puedes ahorrar unos dólares eliminando ciertos elementos del paquete de correo directo es un error. Si reduces la carta de venta de 4 páginas a 2… también reducirás tu respuesta. Lo que el Servicio Postal nos permite hacer es enviar hasta una onza por 37 centavos… y queremos que nuestro pedazo de correo directo pese exactamente 0.9 onzas o incluso una onza exacta. Maximiza lo que puedes enviar por una onza.

Ahora puedes comenzar a recopilar ideas para encabezados recopilando preguntas y respuestas que crees que los clientes potenciales puedan tener, recopilando testimonios… etc.

Pero antes de pasar al uso de gráficos y tipografía en el próximo capítulo… hablemos de lo primero que tu cliente potencial y el Operador Postal verán - TU SOBRE DE ENVÍO. Esta es una parte crucial de tu éxito en el correo directo.

El único propósito del sobre es asegurarse de que se entregue y se abra - eso es todo. No está ahí para "vender"... no está ahí para decirle a tu cliente potencial qué estás vendiendo... no está ahí para hablar sobre el precio... se usa solo para mantener el material de venta dentro sin que se disperse por el camino.

No debe ser llamativo. No debe ser bonito. Aquí están las únicas dos maneras en que debería aparecer:

1. Puede parecer oficial. Puede parecer una carta del IRS o de una Agencia Gubernamental. Puede parecer una factura de tarjeta de crédito. Puede parecer una carta de un Abogado... o un Doctor... o un Laboratorio Médico.

2. Puede ser vago, con solo una dirección de retorno y ningún nombre de la empresa. Ninguna otra palabra en el sobre aparte de quizás "Correo de Primera Clase".

Aquí algunos excelentes ejemplos de ideas para sobres oficiales que he usado en el pasado con gran éxito. Estaba vendiendo suplementos alimenticios. Tenía el logo de la empresa en la tarjeta de esquina junto con la dirección. Decía, PharmaCeutic Laboratories y debajo del logo, tenía la dirección: 4055 Industrial Blvd. Lyndhurst, New Jersey, 07071. Imprimí todo con tinta azul, por lo que parecía médico. En esta carta de venta, tenía los resultados de un estudio clínico sobre el producto que estaba vendiendo, por lo que en la esquina inferior izquierda del sobre, añadí las palabras: "Correo de Primera Clase - Resultados de Test Importantes Incluidos".

Tanto para el Operador Postal que maneja miles de cartas, como para el destinatario, parecía algo importante. Nuestro único objetivo en este momento es asegurar que la carta se entregue y se abra.

Un sobre puede parecer personal. Un simple sobre con una dirección de retorno que revela solo la dirección y no el nombre... tecleado en fuente "courier" o incluso escrito a mano... con el nombre del destinatario en el centro. Este es un sobre simple y siempre se abre. No te preocupes por no parecer "Profesional".

Más adelante en los años, una vez que tienes una carta de venta ganadora, puedes experimentar con copias publicitarias provocativas en los sobres... pero por ahora, juguemos a lo seguro. Recuerda, la razón #1 por la que la gente no comprará de ti, es que no reciben o no notan tu material de venta. ¡Las cartas Personales y Oficiales siempre son entregadas por el Servicio Postal y abiertas por el destinatario!

CAPÍTULO 18

Gráficos y tipografías

Muchas personas sin experiencia gastan demasiado dinero cuando están con el diseñador gráfico, en la tipografía, o cuando publican un anuncio en una revista. Los principiantes piensan que cuanto más bonito parezca un mensaje de venta... más llamativas sean las gráficas... más colorido... más brillante sea el cartón... mejor será la respuesta. Nada podría estar más lejos de la verdad. Recuerdo una vez que mi asistente se equivocó y le dijo a mi tipografía que usara un cartón brillante pesado para un mailing de prueba. Yo quería un cartón offset normal de 60 libras - como siempre hago. Estaba un poco molesto. Después de todo, este error de papel haría que mi pieza de correo superara el límite de una onza... y eso significa 23 centavos más que tendría que agregar en cada carta de venta! A pesar de eso, envié el mailing de prueba y fue exitoso. Cuando realicé el mailing a gran escala, obviamente usé el papel correcto. Incluso quité el segundo color que había usado para el título, haciéndolo todo en tinta negra. ¿La respuesta disminuyó de repente? NO. Era exactamente la misma.

Piénsalo, cuando te ofrecen algo que deseas, ¿te importa si la carta de venta está en papel de lujo? Si acaso, la sofisticación del papel distraería la atención del mensaje de venta. Lo mismo con los anuncios en revistas. El secreto está en el mensaje y en hacer que el mensaje se note y se lea - no en ser bonito. Muchos copywriters dicen "lo feo funciona", y lo creo. Recomiendan usar papel de colores feos para insertos y cartas de venta. No estoy hablando de colores de papel oscuros, difíciles de leer... solo colores extraños, como el mango. Definitivamente se destacan en un mar de papel blanco. Digo que primero deberías preocuparte de que la carta de venta funcione y luego empezar a experimentar con los colores del papel. Al principio, usa papel blanco o color crema.

Incluso con las revistas. Nunca pago por agregar color a mi anuncio. De hecho, para una revista que cobra por un anuncio a color es una estafa porque hoy en día, las revistas son todas a color. Entonces no le cuesta ni un centavo más al editor imprimir tu anuncio a color. De todos modos, no queremos publicar anuncios a color - incluso si el editor nos los ofrece gratuitamente. Ahora esto puede parecer loco, pero el secreto para anunciar con éxito en revistas es ser notado. Si toda la revista fuera a color... si el editor también está regalando el color a todos los demás anunciantes... sería una gran ventaja para ti hacer un anuncio en blanco y negro. ¡Tendrás el anuncio "más destacado" en la revista!

En cuanto a la gráfica y la tipografía actual, tengo un conjunto muy estricto de reglas sobre qué fuentes usar, la longitud de las frases, la longitud de los párrafos, etc. Entraré en más detalles a continuación.

Caracteres de los titulares

Cuando creo titulares, me gusta usar Arial, Helvetica, Franklin Gothic, Eras o Times New Roman para la fuente. Ahora, hay una diferencia entre las fuentes: están las Sans Serif y las Serif. Hay estudios que muestran que las fuentes Serif tienen un mejor nivel de comprensión. Pero para los titulares, donde solo hay unas pocas palabras simples, siéntete libre de usar el tipo Sans Serif. Si fuera por mí, te diría que te apegues a Helvetica.

Caracteres de los subtítulos

Cuando creas el texto de los subtítulos, puedes usar la misma fuente del titular... solo que más pequeña... no tan negrita... y quizás en cursiva. Si no quieres usar la misma fuente, siéntete libre de usar Times New Roman.

Caracteres del cuerpo del texto

Cuando creas el cuerpo del texto, nunca uses una fuente Sans Serif. Usa siempre una fuente Serif como Times New Roman o Courier. (Courier debe usarse solo en cartas de venta y no en revistas. Las revistas deberían usar siempre Times New Roman.) Courier es una excelente fuente que parece de máquina de escribir. Es super fácil de leer... pero ocupa más espacio que Times New Roman. Así que, si tienes espacio... opta por Courier. Si no, Times New Roman está bien.

Encabezados de párrafos

Para los encabezados de los párrafos, si estás usando Times New Roman para el cuerpo del texto, puedes usar la misma fuente... solo en negrita. Si estás usando Courier para el cuerpo del texto y quieres usarla para los encabezados de los párrafos, querrás subrayarla... ya que poner en negrita Courier no es muy atractivo en mi opinión. A veces uso Helvetica en negrita para mis encabezados de párrafos... independientemente de si estoy usando Times New Roman o Courier para mi cuerpo de texto.

¿Gráficos elaborados?

Ahora, no quiero que vayas a crear anuncios y cartas de venta feos... pero tampoco necesitan un gráfico costoso. ¿Qué hace que leas un artículo en el New York Times? Un buen titular que te atrae hacia el cuerpo del texto. A los gráficos siempre les gusta mostrar sus habilidades haciendo cosas bonitas. Está bien. Pero diles que usen su habilidad en tus tarjetas de presentación y papel membretado, no en tu publicidad. Cuando se trata de revistas, un truco que deberías usar es hacer que tu anuncio esté "Listo para Publicación". Lleva tu copia de venta al diseñador gráfico... si estás usando uno... y llévale una copia de la revista en la que publicarás tu anuncio. Reproduce el diseño editorial lo mejor posible. En la parte inferior del anuncio... asegúrate de poner las palabras "Especial Advertorial" en cursiva... tal vez con un negro más desvanecido... así está presente... pero no